Metanoia

Dados Internacionais de Catalogação na Publicação (CIP)
(Câmara Brasileira do Livro, SP, Brasil)

Leloup, Jean-Yves
  Metanoia : uma revolução silenciosa / Jean-Yves Leloup ; tradução de Karin Andrea de Guise. – Petrópolis, RJ : Vozes, 2022.

  Título original: Métanoïa

  2ª reimpressão, 2023.

  ISBN 978-65-5713-598-3

  1. Autoconhecimento – Aspectos religiosos – Cristianismo 2. Pecados capitais I. Título.

22-99519   CDD-204.2

Índices para catálogo sistemático:
1. Autoconhecimento : Aspectos religiosos :
Cristianismo 204.2

Cibele Maria Dias – Bibliotecária – CRB-8/9427

Jean-Yves Leloup

Metanoia

Uma revolução silenciosa

Tradução de Karin Andrea Guise

EDITORA VOZES

Petrópolis

© 2020, Éditions Albin Michel.

Tradução do original em francês intitulado *Métanoïa – Une révolution silencieuse*

Direitos de publicação em língua portuguesa – Brasil:
2022, Editora Vozes Ltda.
Rua Frei Luís, 100
25689-900 Petrópolis, RJ
www.vozes.com.br
Brasil

Todos os direitos reservados. Nenhuma parte desta obra poderá ser reproduzida ou transmitida por qualquer forma e/ou quaisquer meios (eletrônico ou mecânico, incluindo fotocópia e gravação) ou arquivada em qualquer sistema ou banco de dados sem permissão escrita da editora.

CONSELHO EDITORIAL

Diretor
Volney J. Berkenbrock

Editores
Aline dos Santos Carneiro
Edrian Josué Pasini
Marilac Loraine Oleniki
Welder Lancieri Marchini

Conselheiros
Elói Dionísio Piva
Francisco Morás
Gilberto Gonçalves Garcia
Ludovico Garmus
Teobaldo Heidemann

Secretário executivo
Leonardo A.R.T. dos Santos

Diagramação: Sheilandre Desenv. Gráfico
Revisão gráfica: Lorena Delduca Herédias
Capa: Ygor Moretti

ISBN 978-65-5713-598-3 (Brasil)
ISBN 978-2-226-45252-8 (França)

Este livro foi composto e impresso pela Editora Vozes Ltda.

Sumário

Um passo além, 7

    I.   Três passos a mais, 9

    II.   *Ultreia* ou a *metanoia* evangélica, 13

    III.   Da *gastrimargia* à *eucharistia*: consumir ou comungar, 19

    IV.   *Philarguria*: do apego à generosidade, 31

    V.   *Porneia* e *Ágape*: da libido muito condicionada ao Amor incondicional, 41

    VI.   *Orgè*: da cólera à serenidade, 53

    VII.   *Lupé*: da tristeza à alegria magnânima, 61

    VIII.   *Acédia*: do absurdo à graça, da depressão ao despertar, 67

    IX.   *Kénodoxia*: da vaidade à consciência de si, 75

    X.   *Upérèphania*: do ego ao *Self*, do Dragão ao Cordeiro, 83

    XI.   Dizer sim àquilo que nos falta, 93

    XII.   Alguns passos a mais, 101

Um passo além

Diante das cóleras, violências e tristezas contemporâneas, quem ousaria propor soluções que não fossem econômicas, sociais ou psicológicas? Quem ousaria convidar a uma *metanoia*, ou seja, a uma revolução espiritual? Quem ousaria lembrar a palavra dos antigos: *ultreia*, um "passo a mais"[1], um "passo além" das paixões, das emoções, dos pensamentos (*logismoi*) que nos corroem e nos agitam?

No entanto, no ponto em que estamos, não há, talvez, outras saídas ou soluções a nossos impasses; a radicalidade evangélica de Evágrio Pôntico e dos Terapeutas do deserto, apesar das suas exigências, revela-se de uma atualidade surpreendente.

Este livro destina-se a todos aqueles que não se resignam aos mecanismos de repetição erigidos como destino.

Escutamos o ruído dos carvalhos que são abatidos, mas não escutamos o ruído da floresta que cresce. Uma revolução silenciosa, um apocalipse salutar faz tudo começar de novo.

Estranha aventura a desta obra. Cada *ultreia*, ou passo a mais, foi uma longa travessia... Nenhum desses *logismoi*, essas patologias descritas por Evágrio, me foi poupado. Mas, em vez de fazer um re-

---

1 Esse passo a mais não é um passo adiante, é um passo para cima, um salto, um pulo, que é o sentido primeiro da palavra *pessah*, "páscoa", em hebraico, um pulo, um salto para fora da terra da escravidão e da servidão, um pulo, um salto além dos pensamentos e do mental, um passo além da mentira e da ilusão que chamamos de "mundo".

lato pessoal das suas travessias[2], eu tentei transmitir o que a tradição dos antigos Terapeutas, também chamados de "padres do deserto", nos diz a respeito hoje em dia, em referência ao Evangelho que fundamenta suas experiências.

Assim, este livro se tornou ao longo do caminho não apenas um comentário à *Praktikè* de Evágrio, mas também um pequeno manual de desenvolvimento pessoal e transpessoal, um ateliê de ecologia e de ecosofia interiores. Em determinados momentos, ele é até mesmo uma *imitatio Christi* em que o Cristo não é considerado como modelo a ser seguido exteriormente, mas como verdadeira fonte de vida e de metamorfose que devemos deixar jorrar de dentro para fora.

---

2 Isso já foi feito em "O Absurdo e a Graça", editora Vozes.

I
Três passos a mais

Em hebraico, a doença ou o infortúnio é ser parado, detido, interrompido: *mahala* quer dizer "dar voltas, girar em círculos, não mais avançar". As palavras do Cristo, *ultreia* ou *métanoiete*, junto com esse passo que pretende estar além do mental e essa transformação solicitada, vêm nos buscar e ressoam ali onde paramos: paramos sobre uma imagem, sobre sintomas, sobre memórias...

"Saia daí!", "Vá mais longe!" são as palavras dos Terapeutas, esses Padres eremitas do deserto, que convidam a sairmos do sofrimento e irmos em direção àquilo que nos é indicado pelo nosso mais íntimo desejo: a Beatitude. A espiritualidade é esse passo a mais que cada um pode fazer, qualquer que seja o lugar (sensível, afetivo, material, psíquico, intelectual, espiritual) onde ele tenha parado, mas também a partir dali onde ele acredita ter chegado.

Esse passo pode nos conduzir tanto além da dúvida quanto da incerteza, além do ateísmo ou além de Deus, além do infortúnio, mas também além da felicidade, além do *Self*, assim como além do eu. É esse passo que mantém o ser humano no Aberto, é pela sua abertura e sua participação a algo maior do que ele que ele se realiza.

No século IV da nossa era, Evágrio Pôntico, peregrino em busca da verdade, da salvação ou da "grande saúde" (*soteria* em grego quer dizer tanto "saúde" quanto "salvação"), visitou os desertos do Egito, da Síria e da Palestina para encontrar esses eremitas ou Terapeutas do deserto que em um face a face permanente com si mesmo, com a natureza austera e o Infinito inalcançável e incompreensível, exploravam as profundezas do ser humano, assim como as memórias, carências e sofrimentos que eram obstáculo e impediam o acesso a essa paz que vem das profundezas (*hésychia* ou *apatheia*) que eles imaginavam ser sua verdadeira natureza "à imagem e semelhança de Deus".

Desses encontros, Evágrio redigiu um pequeno tratado que, segundo seus dizeres, é "um método, portanto um caminho (*odos*) que visa purificar o ser humano das suas patologias (*pathès*)", termo frequentemente traduzido por "paixões". Na raiz dessas patologias que tornam o homem infeliz, estrangeiro sobre a terra e sob o céu, estrangeiro a si mesmo, ele observa oito *logismoi*. São literalmente oito "pensamentos", sendo que, para Evágrio, o pensamento está na origem das emoções, das paixões e das perversões que perturbam a integridade e a serenidade do ser humano em boa saúde. Trata-se de:

1. *Gastrimargia*. João Cassiano (outro grande padre do deserto) transpôs diretamente do grego para o latim: de *spiritu gastrimargiae*. Não se trata apenas de gula, mas de todas as formas de patologia oral.

2. *Philarguria*. Para Cassiano: de *spiritu philarguriae*. É não apenas a avareza, mas também todas as formas de "constipação" do ser que levam a uma patologia anal.

3. *Porneia*. Para Cassiano: de *spiritu fornicationis*. Não apenas a fornicação, a masturbação, mas também todas as formas de obsessão sexual, de desvio ou de compensação da pulsão genital.

4. *Orgè*. Para Cassiano: de *spiritu irae*. A cólera e todas as patologias criadas pelas nossas tendências irascíveis.

5. *Lupé*. Para Cassiano: de *spiritu tristitiae*. A depressão e a tristeza que estão sempre presentes.

6. *Acédia*. Para Cassiano: de *spiritu acediae*. A acédia, a depressão com tendências suicidas, o desespero, as pulsões de morte, mas também a melancolia.

7. *Kénodoxia*. Para Cassiano: de *spiritu kénodoxiae*. A glória vã, a inflação do ego.

8. *Upérèphania*. Para Cassiano: de *spiritu superbiae*. O orgulho, a paranoia, o delírio esquizofrênico[3].

Esses *logismoi* serão traduzidos posteriormente, particularmente no Ocidente, por "demônios" ou "pecados". Poderíamos igualmente traduzi-los por "maus espíritos, venenos, energias perturbadoras", etc... Em latim, a palavra *caput*, que encontramos em "pecado capital", quer dizer "cabeça". Um pecado capital não é um vício mais importante do que os outros como poderíamos ser levados a crer devido à referência ao "pecado mortal", mas uma perversão que tem sua origem na cabeça: *caput*, ou seja, o mental.

Talvez devêssemos nos manter próximos da etimologia primeira de *logismoi* (pensamentos) e, portanto, da origem mental das nossas perturbações, pois a terapia que Evágrio vai nos propor consiste justamente em dar um passo além do mental e dos pensamentos que o agitam para encontrar nossa verdadeira identidade em Deus. Ele propõe um itinerário ou uma saída que nos faz passar (*pessah*) do eu, doloroso, infeliz ou insatisfeito, ao *Self*, autêntico, pacífico, bem-aventurado, que nós realmente somos.

Sair do sofrimento e ir rumo à Beatitude é uma bela viagem e uma grande aventura.

Quais são as etapas, os diferentes passos a mais que podemos fazer sobre este caminho?

---

3 Cf. Jean-Yves Leloup, *Introdução aos verdadeiros filósofos*, Editora Vozes.

O primeiro passo é a observação e a atenção a nossos sintomas dolorosos. É isso que os Antigos chamavam de *nepsis* ou *prosoké*, que poderíamos traduzir hoje em dia por "plena consciência"[4]. Trata-se exatamente de atenção e vigilância: ver as coisas como elas são, sem nada acrescentar, sem nada tirar, ou seja, sem projeção. "Isso é, isso é; isso não é, isso não é", diz o Evangelho que acrescenta:

"Tudo que dizemos a mais vem do mentiroso"[5], que possui a mesma etimologia de "mental". Esse estado de atenção pura, ou de pura presença àquilo que é, não é imediatamente acessível. É preciso gastar o tempo necessário para fazer a anamnese essencial (*anamnèsis*), dito de outra maneira, buscar as causas e traumatismos que estão na origem da nossa doença. Isso nos conduz às profundezas de um eu que devemos aceitar com todos seus limites, sempre reconhecendo que seu fundo nos escapa. Um passo a mais pode, então, realizar-se. Esse segundo passo é o da *metanoia*, essa passagem além do mental, ou seja, além do eu que sofre. Mesmo que não encontremos a cura, isso permite relativizar os males que nos acometem, e não nos identificar com eles.

Isso pode nos conduzir a um terceiro passo, que é a nossa *métamorphosis*, ou seja, nossa transformação, nossa metamorfose, a transparência do nosso ser finito e mortal ao ser infinito, fonte da nossa vida, da nossa consciência e do nosso amor.

Esses três passos – *prosokél nepsisl anamnèsis*, plena consciência; *metanoia*, passagem além do eu; *métamorphosis*, transformação e transparência – são um caminho ao mesmo tempo de cura e de divinização.

Evágrio lembra que a finalidade do ser humano não está no aumento ou no prolongamento de suas faculdades naturais (sempre mortais), mas na abertura e na participação àquilo que o transcende, o transborda e, nesse mesmo movimento, o realiza.

---

4 A esse respeito, por que não lembrar as origens cristãs dessa expressão da moda?

5 Mateus 5,37.

II
Ultreia
ou a *metanoia* evangélica

Antes de detalhar a *práxis* evagriana e explorar ainda mais esses passos que podemos fazer para sair daquilo que nos envenena e perverte nossa vida, nossa consciência e nossos amores, é bom lembrar o Evangelho, que está na origem dos processos de cura e de divinização que Evágrio nos propõe. Pois é sobre ele (mais do que sobre as filosofias antigas) que se baseiam os Terapeutas do deserto.

O Evangelho nos diz que é através de uma vitalidade mais forte, uma consciência mais elevada e um amor maior que podemos nos curar de todos os males. Trata-se de passar do "a" minúsculo da apropriação, ou da inveja, ao "A" maiúsculo que é o Amor-Ágape; passar do "v" minúsculo da vida ao "V" maiúsculo da Vida atemporal, eterna; passar do "c" minúsculo desta consciência que poderíamos qualificar de ignorância ao "C" maiúsculo da Consciência infinita. Essa passagem é a do homem mortal ao homem atemporal, a passagem do eu ao *Self*.

Na tradição cristã, o homem eterno ou atemporal é o Logos encarnado, o Cristo, "arquétipo da síntese", dizem os Padres, que está à obra em cada um de nós. Ele nos estrutura à sua imagem e semelhança, ou seja, como seres ao mesmo tempo finitos e infinitos, absolutos e relativos.

A *metanoia*, a *ultreia*, que o Evangelho nos convida a fazer para sermos curados, salvos, divinizados, é este passo para o interior de nós mesmos onde habita o Cristo. É compartilhar sua vida, sua consciência, seu amor.

"Tende em vós os sentimentos que habitavam o Cristo Jesus"[6]. Deixar ser os sentimentos que habitavam o Cristo Jesus, ser o que Ele era, hoje, no mundo em que estamos, ser verdadeiro, plenamente consciente e amar. "Aprendei de mim que sou doce, manso e humilde de coração"[7].

Deixar ser "Eu sou", doce, manso e humilde de coração, ver com seus olhos, tocar com suas mãos, escutar com seus ouvidos, falar com a sua boca, pensar com a sua consciência, amar com o seu coração, viver com o seu sopro, é fazer todas as coisas de maneira mais doce, mais suave e mais humilde, ou seja, mais atentamente, mais conscientemente, sem inflação, sem pretensão, sem expectativa e sem preocupação com os resultados.

Fazer o que fazemos com doçura e com humildade, ou seja, fazer todas as coisas com consciência e com amor, ser um com tudo aquilo que é e que acontece, isso basta, é o único necessário, todo o resto será dado em acréscimo[8].

O que chamamos de "pecado" é a falta de amor; e o "mundo" mencionado pelo Evangelho não é o cosmos, mas o estado daqueles que vivem neste pecado e nesta falta de amor. As consequências do pecado são o medo da separação; e o mundo vive no medo e na separação.

---

6 Filipenses 2,5.

7 Mateus 11,29.

8 O Reino está no interior de nós e é este Reino que devemos "buscar primeiro", antes de todas as coisas, toda saúde, todo prazer, toda paz, todo sucesso.... e o que é este Reino se não o brilho ou a Presença de Yeshua, de "Eu sou", "em tudo e em todos"?

Sair da fusão com o ambiente, ser si mesmo, sem medo e sem separação, é isso que o amor nos ensina.

Quando dizemos que tudo é um, isso não quer dizer que tudo está misturado e que nós somos uma massa indistinta com o todo; pois a unidade, como a união, é a relação. Relação que não é nem fusão nem separação; nem mistura nem oposição: além da redução ao mesmo e da incomunicabilidade com o outro, é preciso descobrir a interindependência que não é apenas interdependência; essa esquece o espaço entre as diferenças, ela é dependência, sem essa vacuidade que acolhe e respeita as diferenças (o sem forma contém e ama as formas, da mesma maneira, o Infinito é feito de todas as finitudes, assim como o oceano é feito de todas as ondas).

O que significa caminhar mais suavemente sobre a terra? É estar atento aos seus pés e ao caminho, fazer apenas um com o caminho é ser o caminho, humildemente, sem o eu separado que sobrepaira e que julga o que o cerca.

O que é olhar mais suave e docemente? É estar atento àquilo que vemos e à maneira como vemos; é ver seus olhos e a paisagem ao mesmo tempo, olhar para dentro e para fora em um mesmo olhar, humildemente, ver as coisas tais quais elas são, sem julgá-las, sem projeção; quem somos nós para decretar: "Isso é belo, isso é feio?" "Isso é belo, eis que vem o feio", disse Lao Tsé.

O que é falar mais suavemente? É estar atento àquilo que dizemos, como dizemos e a quem dizemos; é também escutar em nós aquele que fala, de qual nível de consciência ele fala, qual plano do Real se expressa através dele, humildemente deixar falar o *Logos*, a Palavra criadora, benévola. Isso também poderia se aplicar à escritura: quem escreve? Por quê? Para quem? São palavras necessárias ou frívolo tagarelar? É a Consciência e o Amor que nos impulsionam a falar ou a escrever?

O que é pensar mais suave e docemente? É estar atento aos seus pensamentos, ao seu surgimento, ao seu desaparecimento, ao estado emotivo ou afetivo que induzem em nós esses pensamentos, alegrias, tristezas, nostalgias, saudades, energias; humildemente, observar que não dominamos a maré e o vai e vem desses pensamentos. Com gratidão devemos acolhê-los como ornamentos do silêncio mais do que como obstáculos ao silêncio e suavemente apaziguá-los; só restarão pensamentos necessários à lucidez e ao louvor.

O que é amar mais suave e docemente? É estar atento às nossas emoções, aos nossos sentimentos, nada forçar, segurar sem reter, nada querer nem nada esperar do outro, dar-lhe humildemente, sem nada acrescentar, sem nada tirar, ser aquilo que somos no instante. Acariciar, deixar vir aquilo que vem, não ter projeto ou ideia preciso sobre o que deve acontecer, assombrar-se, maravilhar-se por estar ali, juntos, sem inflação, sem desmedida, sem exaltação, celebrar o instante.

O que é orar docemente? É estar atento ao nosso coração, à sua abertura, à sua disponibilidade, mais do que aos pensamentos ou às palavras da nossa oração. É estar aqui, humildemente, no Aberto, na adoração e na gratidão. Nesta abertura, a grande e eterna Vida, a Consciência infinita, o Amor incondicional podem se espalhar e se alastrar para o bem estar de tudo e de todos.

"Aprendei comigo, 'Eu sou', a doçura e a humildade do coração e encontrareis o repouso", nos diz o Cristo. Por que a doçura e a humildade? Por que não o Amor e a Verdade que Yeshua encarna?

Se buscássemos o Amor e a Verdade, não encontraríamos jamais o repouso. O Amor e a Verdade são ideais, transcendentais, a humildade e a doçura são atos, atitudes concretas onde se encarnam o Amor e a Verdade. Na doçura e na humildade, a transcendência se faz imanente, o céu está sobre a terra.

Caminhar suave e docemente, falar docemente, olhar docemente, pensar docemente, amar e orar docemente, o que é isso senão viver com atenção, fazer apenas um com tudo aquilo que é? Não é essa a atitude daquele que ama no presente? Ser humilde, aceitar suas grandezas, seus limites, sua dupla natureza finita e infinita – não é essa a verdade da humanidade, esse húmus onde respira o Sopro do Vivente?

Ser doce e humilde de coração, é deixar ser o Cristo em nós. É habitar e permanecer em seu Espírito, um com o Pai, um com o universo e tudo aquilo que ele contém, homens, mulheres, estrelas, cavalos, tsunamis e terremotos, sem esquecer do hibisco e do damasco...

III
Da *gastrimargia*[9] à eucharistia: consumir ou comungar

Seria preciso primeiro definir o termo grego *gastrimargia*, traduzido rápido demais por "gulodice", quando se trata mais de gula ou glutonaria, o que está próximo da bulimia, patologia oral que pode se combinar à anorexia.

Émile Littré anuncia como sinônimos "glutão, guloso, comilão". O defeito comum subentendido por esses termos é o de comer sem moderação. O glutão ou guloso é aquele que joga em sua garganta (boca) o alimento. Não há prazer ou consciência. Os glutões, os comilões e os gulosos engolem mais do que comem.

Convém, portanto, distinguir o glutão, o guloso e o comilão do *gourmet* e do *gourmand*. A cada vez, um passo é possível para chegarmos a uma consciência mais elevada do alimento e do apetite que nos são "dados aqui" para viver e amar.

Aristóteles, em sua análise das virtudes cardinais herdadas de Platão, associa a glutonaria a um vício oposto à temperança. Segundo Epicuro, a gulodice, apesar de natural como apetite, pode nos conduzir a um prazer não necessário e entravar assim a busca da

---

9 *Gastrimargia* vem de *gaster* (estômago) e de *margos* (fogo enraivecido). A *gastrimargia* é uma avidez louca do ventre que ocupa todo lugar.

felicidade e da ataraxia[10]. Varron defende a posição de Epicuro: "Ele não se parecia com nossos depravados, para quem a cozinha é a medida da vida."

Em geral, os filósofos preferem os prazeres do intelecto àqueles do ventre, e estes devem permanecer subordinados àqueles. A glutonaria e a embriaguez embrutecem o homem, alteram a lucidez e a razão e não são, portanto, propícios à filosofia e à sabedoria que é para eles o Bem supremo.

No século XVI, Lutero denuncia os teologastros (teólogos do ventre) que desviam os cristãos da prática sensata do jejum. Calvino em seu *Traité des scandales* (*Tratado dos escândalos*) escreve sobre certos monges: "Seu ventre é seu deus, a cozinha, sua religião."

No mundo de hoje, se a glutonaria é considerada uma patologia, este não é o caso da gulodice, muito pelo contrário. Após Brillat-Savarin, em sua *Physiologie du goût. Méditations de gastronomie transcendante (Fisiologia do sabor. Meditações da gastronomia transcendente)*, teremos tendência a fazer da gulodice não um vício, mas uma virtude social. Em sua meditação XI, Brillat-Savarin escreve: "Eu percorri os dicionários buscando a palavra gulodice e não fiquei satisfeito com o que encontrei. É apenas uma confusão perpétua da gulodice propriamente dita com a glutonaria e a voracidade... Os lexicógrafos se esqueceram completamente da gulodice social, que reúne a elegância ateniense, o luxo romano e a delicadeza francesa, que dispõe com sagacidade, faz executar inteligentemente, saboreia com energia e julga com profundidade: qualidade preciosa que poderia bem ser uma virtude..."

É neste espírito brilhante e saboroso que, em janeiro de 2003, um pedido foi colocado entre as mãos de João Paulo II para que o pecado da gula fosse substituído pelos termos de "glutonaria",

---

10 O termo grego *ataraxia*, introduzido por Demócrito (ca. 460-370 a.C.), significa tranquilidade da alma, ausência de perturbação. (N.T.)

"intemperança" ou "gulosice": "Com humildade, nós pedimos, Santíssimo Padre, sabendo que a supressão de um dos sete pecados capitais é inconcebível, de modificar sua tradução na língua francesa." Assinado por Lionel Poilane e vinte e seis celebridades, entre elas o cozinheiro Alain Ducasse, esse pedido não foi atendido até hoje.

Em outras línguas, essa perversão do apetite é designada por uma palavra que significa mais "glutonaria" do que "gulodice" (*glutony* em inglês, *Volterei* em alemão, *galzigheid* em holandês, por exemplo).

Tendo sido definido o significado do termo *gastrimargia*, entremos na observação, sem julgamentos, do que podemos considerar daqui em diante como uma patologia e um sofrimento do qual é possível sair.

Anamnèsis

Neste termo de "anamnese", há todas as nuances evocadas pelo vocabulário grego da atenção (*nepsis, prosokè, aletheia, catharsis, épistrophé*). Encontramos não apenas a observação, o desvelamento, mas também a expressão, a catarse (que em psicanálise chamamos de "ab-reação"), até a consideração do eu profundo que sofre desta patologia e que busca as causas que a provocaram.

Sem me estender em demasiado, eu lembrarei que hoje em dia conhecemos melhor as marcas que podem deixar certos traumas vividos pela criança em suas relações com a mãe ou o objeto materno, particularmente na época da amamentação ou do desmame. Alguns comportamentos de adulto manifestam uma fixação no estado dito "oral". A ansiedade e a angústia podem fazer uma pessoa regredir para atitudes infantis. Ela buscará uma solução ao seu mal-estar ingurgitando uma grande quantidade de alimento ou bebida (bulimia, alcoolismo) ou, pelo contrário, recusando qualquer alimento e qualquer bebida (anorexia).

Entre os homens do deserto, havia bulímicos e muitos anoréxicos também. Os Padres compreenderam bem esses comportamentos e o que eles têm de patológico; aos excessos, eles preferem a medida, o equilíbrio, a "discrição". Para chegar a um certo domínio da oralidade e das pulsões inconscientes que a animam, eles propõem como remédios não apenas um jejum moderado (alimentação não excitante), mas também a prática da oração oral: o canto dos hinos e dos salmos cujo objetivo, é claro, é primeiro adorar e louvar a Deus, mas também buscar o apaziguamento.

Em *Relatos de um peregrino russo*[11], o monge propõe a um capitão viciado em bebida ler em voz alta o Evangelho no momento em que ele está se dirigindo à sua garrafa de álcool. Isso provoca uma salivação suficiente para acalmá-lo e lhe corta a vontade de beber. Da mesma maneira, os Antigos, não sem senso de humor, propunham ruminar e mastigar a palavra de Deus. Eles possuíam também um verdadeiro conhecimento do composto humano e de certas formas do psicossomático. Do ponto de vista de uma terapêutica transpessoal, tratava-se para eles de passar da *gastrimargia*, tomada no sentido de "consumo", à *eucharistia*, que quer dizer "comunhão, ação de graças": não mais ser apenas consumidores, mas seres capazes de comunhão.

Alguns interpretam o pecado original como um pecado de *gastrimargia*, no sentido em que o "fruto" que simboliza o universo material foi tomado como um objeto de consumo, e não como o próprio lugar de comunhão com o Ser que está em sua fonte e em sua origem, o Criador.

Há uma maneira de consumir e consequentemente de levar ao consumo da vida, que é o estado de consciência do homem ordiná-

---

11 Editora Vozes.

rio (psíquico); e há uma maneira de comungar com a vida, que é o estado de consciência do homem espiritual (pneumático).

Estar livre desta *gastrimargia*, deste espírito de consumo, torna o homem capaz de viver todas as coisas em estado de eucaristia. Como dizia São Paulo: "Quer comeis, quer bebeis, façais tudo pela glória de Deus."

Metanoia

Tenho fome, tenho sede, o que existe de mais natural, de mais fundamental? Se não houvesse em mim essa fome e essa sede, esse apetite de viver, como eu poderia subsistir? Falta de apetite, de vontade de viver, é o que conduz à depressão e à morte.

Como reencontrar um apetite justo, uma medida justa da fome e da sede, sintonizados ao meu desejo essencial de viver? Primeiro, observar meus gostos, meus desgostos, minhas atrações e minhas repulsas em matéria de alimento, o que há de consciente e de inconsciente em meu comportamento. Depois, interrogar-me sobre aquele que tem fome e sede em mim, seus medos de que algo venha a faltar e de não ter o suficiente para se manter de pé, em boa saúde, esse apelo lancinante a ser preenchido, esse vazio insaciável que nenhum alimento pode satisfazer. Não é este também um apetite saudável e legítimo?

Mas pode acontecer que estejamos transbordando de angústia devido à falta e que nos precipitemos sobre qualquer alimento, sem apreciá-lo ou discernir sua qualidade. A quantidade, que gostaríamos que fosse infinita, é tudo que nos importa, pois é uma falta infinita que temos que satisfazer. É dessa maneira que um apetite, uma fome e uma sede legítimas transformam-se em sofrimento que é preciso cuidar e, se possível, curar. Mas esse apetite por alimento, que é desejo de viver, pode se transformar não apenas em patologia, mas também em veneno ou perversão, termos que eu prefiro aos termos "vício" e "pecado".

Como a *gastrimargia* seria uma perversão? O que é uma perversão, senão uma realidade desviada da sua finalidade? Por exemplo, um alimento que é buscado não pelo reconforto vital e qualidade do prazer que ele nos dá, mas por si mesmo, pela quantidade de gordura e de prazer que ele nos fornece, "além do necessário e do natural", dizia Epicuro. Ele torna-se, então, um vício, o ventre é nosso deus e esse deus, particular é o esquecimento do Deus infinito, invisível e universal.

No cristianismo, a finalidade do alimento é a eucaristia, o louvor e a comunhão. Tomar seu alimento sem louvor, sem ação de graças (eucaristia), sem consciência, sem comunhão com a natureza que no-lo dá, com aqueles que o preparam e aqueles que o compartilham conosco, consumir ao invés de comungar, eis a queda e a miséria, o vício de toda sociedade que convida ao consumo, ao acúmulo de gorduras e de posses, mais do que à comunhão, à partilha de todos os alimentos e de tudo que enriquece e fortalece a vida.

O perverso é aquele que busca seu próprio prazer à custa do outro. Aquele que busca seu próprio prazer com o outro não é um perverso, é um bom narciso.

O perverso desfruta da destruição ou da humilhação do outro, o infortúnio do outro contribui ao seu prazer e à sua felicidade. Não é o caso do narciso, que, pelo contrário, foge e evita o sofrimento do outro, pois ele faz sombra e diminui seu próprio sofrimento. Ele desvia de tudo aquilo que lhe parece ameaçador ou negativo para desfrutar pacificamente de si mesmo.

Pelo contrário, o homem são e santo é sensível ao sofrimento do outro; ele não consegue estar totalmente feliz enquanto um único ser sofrer. Ele não foge do sofrimento do outro e ele não encontra no sofrimento nenhum prazer, essa é para ele uma ocasião para crescer em termos de consciência e amor, exercendo sua compaixão através de orações, pensamentos e atos concretos para acompanhar, aliviar, curar esse sofrimento.

Aliviar o sofrimento do outro é uma ocasião de prazer que o narciso realiza, mas que lhe faz dar um passo a mais, além de um conforto ou de uma segurança que ele erigiria como prazer supremo (ou seja, um ídolo).

O perverso, se ele cozinhar para alguém, é para envenená-lo, engordá-lo ou adoecê-lo. O narciso, se ele cozinhar para alguém, é para desfrutar com ele e ser parabenizado pelos seus acepipes e sua arte. O homem são e santo, se ele fizer a cozinha para alguém, é para comungar com ele, celebrar o instante e a graça de estar juntos.

Quer se trate de patologia, perversão ou de sã vitalidade, estamos sempre no reino do eu. Aqui, pode haver melhora, progresso, mas não há ainda verdadeiramente *metanoia*, passagem do plano somato-psico-noético ao plano espiritual (pneumático). Para isso, devemos nos abrir ou acordar à presença do *Self*, ou do Cristo interior, arquétipo da síntese, e aprender com Ele a justa maneira de nos alimentar e comungar com a vida. É n'Ele, com Ele, por Ele que se opera nossa *métamorphosis*.

Métamorphosis

A vida e os seus atos, os pensamentos e os sentimentos influem sobre a própria substância das coisas, aumentando ou diminuindo sua intensidade de ser.

A vida espiritual desencadeia assim uma intensificação do ser no indivíduo. Um homem espiritual (pneumático) é literalmente mais do que um homem ordinário (psíquico), assim como um diamante é mais do que o carvão (carbono). "Essa Presença intensifica, transforma a própria substância do homem espiritual, afina sua materialidade e cristaliza nele um corpo sutil, capaz de atravessar a experiência da morte e de viver corporalmente a ressurreição"[12].

Podemos falar aqui de uma forma de transubstanciação? Dito de outra maneira, falar do Espírito Santo transformando a intensidade da matéria em intensidade espiritual (corpo de ressurreição)? O eu torna-se o *Self* pela intensificação do seu ser? Seria melhor dizer que a presença do *Self* transubstancia a frequência e a intensidade do eu, fazendo da sua própria ipseidade a revelação ou a parusia do puro "Eu sou".

Reconhecer em nós a presença de Yeshua, "Eu sou", arquétipo da síntese, transforma e metamorfoseia nossa intensidade de ser, ou seja, nossos pensamentos, nossos sentimentos, mas também nosso corpo e seus apetites. É dessa presença interior, da sua luz e da sua paz que nós podemos alcançar a cura e a divinização do nosso ser, a intensificação (e não a destruição) da nossa identidade.

"Para mim, viver é o Cristo", disse São Paulo. Ele veio "não para abolir, mas para cumprir".

Qual era sua atitude diante do alimento? Como Ele viveu a fome, a sede? Como o Logos, presente em cada um, pode transformar nossos *logismoi*, nossos pensamentos patológicos, nossos desejos desorientados? Como Ele pode nos libertar dos nossos venenos e das nossas perversões?

No Evangelho, Yeshua é considerado pelos fariseus e pelos discípulos de João Batista como um "glutão". Ele come e bebe à mesa dos pecadores, ao invés de viver na ascese e no jejum[13].

Nós O vemos igualmente em um banquete de núpcias onde Ele transforma a água em vinho, e em bom vinho, superior àquele que estava sendo servido até então[14].

---

12 Mulla Sadra, in Frédéric Lenoir e Ysé Tardan-Masquelier, *Le Livre des sagesses* (*O Livro das sabedorias*), Bayard, 2002, p. 701.

13 Mateus 9,10-17; Marcos 2,15-22; Lucas 5,29-39.

14 João 2,1-11.

Quando Ele ensina às margens do lago, Ele multiplica os pães e os peixes para que cada um seja saciado, Ele não fala de espiritualidade a estômagos vazios. Mas, por outro lado, Ele lembra que "o homem não vive somente de pão"[15].

Há no homem outras fomes e outras sedes: fome de conhecimento, de verdade, fome de afeto e de reconhecimento, fome de beleza, de poesia, mas também uma fome e uma sede espirituais que têm necessidade de espaço e silêncio. Cada fome, cada sede deve encontrar a substância que lhe é própria e cada um é alimentado na medida do seu apetite.

O capítulo 6 do *Evangelho de João* nos introduz ao apetite do Cristo, a *metanoia* e a *métamorphosis* que Ele pode operar em nós: "Trabalhai não pelo alimento que se perde, mas pelo alimento que permanece na vida eterna"[16]; em termos mais abruptos, adequados para confundir qualquer guloso, glutão, bulímico, alcóolatra ou anoréxico, mas também qualquer *gourmet*, isso equivale a dizer: trabalhe não para adensar seu ser mortal, seu cadáver, mas para alimentar em si a Vida verdadeira, eterna.

A questão é radical: quem alimentamos? Nosso ser para a morte ou nosso ser para a eternidade? Por que nos preocupamos tanto com nosso futuro e com o que iremos nos vestir ou como seremos alimentados, mas tão pouco com nossa eternidade?

De passagem, o Cristo relativiza o caráter puro ou impuro dos nossos alimentos: "Não é o que entra na boca do homem que torna o homem impuro"[17], é aquilo que sai. O homem deveria ficar atento primeiro à higiene dos seus pensamentos e em seguida à da sua alimentação.

---

15 Lucas 4,3; Mateus 4,1-11; Marcos 1,12-13.

16 João 6,27.

17 Mateus 15,10-32; Marcos 7,14-23.

Qual é este alimento que nutre em nós a Vida eterna? A resposta de Yeshua é surpreendente e a maior parte dos seus discípulos terão dificuldade em compreendê-la (e a segui-l'O após ter escutado essas palavras): "Eu sou" é o pão da Vida, aquele que come minha carne e bebe meu sangue terá a Vida eterna"[18].

O que realmente alimenta o homem é a Presença de "Eu sou" em si. A Presença do *Self*, do próprio Ser, sua energia, sua intensidade, sua luz e seu amor.

Segundo Clemente de Alexandria e os antigos Terapeutas do deserto, a carne do Cristo simboliza sua ação (práxis) e o sangue simboliza sua contemplação (*gnosis*). "Tomai, comei e bebei, este é o meu corpo, este é o meu sangue quer, portanto, dizer: façam o que eu fiz, contemplem o que eu contemplei, e vocês se tornarão o "Eu sou" que "Eu sou", pois "ali onde eu sou/eu estou, eu quero que vocês sejam/vocês estejam também"[19]...

Assim, tomar consciência de Yeshua, deste "Eu sou" em nós, deixar ser sua consciência e sua ação, fazer o que Ele fez, contemplar o que Ele contemplou, é tornar-se livre de toda fome e de toda sede.

"Aquele que bebe da água que eu lhe darei jamais terá sede novamente", diz Ele à Samaritana. Este encontrará n'Ele a Fonte de água viva que ele busca do lado de fora. Mas é um todo outro álcool, uma embriaguez completamente diferente, sem esse mau hálito que conduz à insatisfação perpétua e ao desespero. É a paz, a *hesychia* desejada, o peso de uma presença que nos torna mais leves. Essa leveza é a do paraíso perdido, da comunhão perdida.

Consumir ou comungar? Essa é a questão colocada a todos nossos apetites. Comungar, ou seja, reconhecer intelectualmente e afetivamente a presença do Real invisível e infinito, a Presença de "Eu

---

18 João 6,35.

19 João 17,24.

sou" em tudo e em todos, no pão e no vinho da nossa vida quotidiana. É isso que eleva nosso corpo, e o universo do qual ele é parte interessada, em sua dimensão de eternidade.

Quem poderia imaginar que uma tal *métamorphosis* ou *anastasis*[20] fosse possível em um prato tão pequeno? Uma tal intensidade em um ser tão provisório?

---

20 A palavra *anastasis*, que traduzimos geralmente por "ressurreição", significa literalmente "estar pousado (*stasis*) voltado para o alto (*ana*)": o tempo recolocado no atemporal, a finitude recolocada no Infinito.

IV
Philarguria:
do apego à generosidade

"Porque a raiz de todos os males é o amor ao dinheiro (*philarguria*). Acossados pela cobiça, alguns se desviaram da fé e se enredaram em muitas aflições"[21].

Philarguria é normalmente traduzido por "amor ao dinheiro, amor excessivo e obsessivo pelas riquezas". Na palavra *philarguria*, há *philia*, "amor". É, aliás, o único *logismoi* onde se trata de amor. O amor, evidentemente, não é algo ruim, para alguns trata-se até mesmo do Bem supremo, já que "Deus é amor" e "o amor é Deus" e o amor é o contrário da avareza, já que o amor é dom.

"Vós não podeis servir a dois mestres, vós não podeis servir a Deus e ao dinheiro." É um ou outro: ser amor ou ser avaro, compartilhar e dar ou apropriar-se e acumular.

Como podemos, então, falar de "amor ao dinheiro"? O dinheiro é ruim e com ele a riqueza, a matéria, o mundo? Ou será nossa maneira de amar o dinheiro, a riqueza, a matéria, o mundo?

A *philarguria* é um vício interessante pois ele nos permite explorar a essência de todos os vícios e de todas as perversões como sendo perversões do amor.

---

21 1Timóteo 6,10.

O que é o amor senão guardar sua inteligência, sua afetividade, sua sensibilidade no Aberto, na abertura ao outro, a tudo aquilo que é, e fazer apenas um com tudo aquilo que é, e com Aquele que faz ser tudo aquilo que é? O amor é pervertido quando ele se detém sobre um objeto ou uma representação particular e apega-se ou identifica-se com este objeto ou representação particular. Então, ele não está mais no Aberto, na atenção e no respeito de tudo aquilo que vive e respira.

Na *philarguria*, o amor está parado, fixado, fascinado, obcecado pelo dinheiro. Como na *gastrimargia*, ele está parado, obnubilado pelo alimento, como ele poderia estar pelo sexo (*porneia*), pois esse lhe resiste, por aquilo que lhe faz falta (*lupé-acedia*) ou por uma imagem de si (*kénodoxia-uperphania*).

A perversão do amor pode até mesmo se manifestar em nosso amor por Deus, e ele será, então, o amor por um deus que exclui todos os outros, o apego a uma forma ou uma representação do Absoluto que nos faz desprezar todas as formas ou representações. E em nome deste Deus ao qual somos apegados, em nome do nosso pseudoamor por Ele, poderemos desprezar os outros, o mundo, a matéria e até mesmo nós próprios.

O amor por um deus em particular nem sempre nos mantém no Aberto; ele pode, pelo contrário, nos fechar em uma representação. Essa forma de amor nada mais é do que idolatria, e não é da idolatria que devemos nos libertar? Quer seja a idolatria a um deus, uma ideia, uma matéria grosseira (dinheiro, alimento, sexo) ou a uma matéria sutil (poder, honra, a ciência e essa alucinação do saber que esconde nossa ignorância e nunca nos liberta dela).

A perversão do amor é o apego, a apropriação, a posse que engendra todo tipo de sofrimentos (entre eles, o ciúme) e pode nos conduzir ao crime para defender nossos bens ou adquirir novos.

A *philarguria* ou amor desorientado e desordenado pelas rique-zas, o amor possessivo, exclusivo pelo dinheiro nos revela a essência da perversão: o *shatan* ("obstáculo" em hebraico) impede em nós a adoração ou a contemplação que é Amor incondicional, não detido, não estagnado, não parado, não interrompido, do ser finito pelo Ser infinito, abertura total do nosso ser limitado àquilo que o transcende; já que, segundo os sábios, os santos e os profetas, é nesta abertura que o ser humano encontra sua realização e sua beatitude, abertura na qual tenta nos fazer entrar na *metanoia*. Mas, antes de prová-la, convém explorar os males que sofremos com a *philarguria*.

Anamnèsis

Não faltam retratos de pessoas avaras na literatura; conhecemos Harpagon[22] de Molière, que ama o dinheiro pelo dinheiro, que o acumula pelo prazer de acumular. Ele não faz nada com o dinheiro, seu prazer, seu êxtase é contá-lo, contemplá-lo e, de uma certa maneira, adorá-lo, já que o dinheiro é realmente seu deus.

Todos nós conhecemos pessoas que de maneira menos caricatural são apegadas ao dinheiro; elas compram no supermercado os produtos mais baratos, mesmo que não sejam de boa qualidade, e se fazem passar por econômicos. É sempre preciso aumentar suas economias e suas riquezas, "em caso de"; a pessoa avara quer se fazer passar por prudente, ela guarda seu dinheiro para o futuro, para a compra de bens (imobiliários ou outros) que lhe serão necessários, mas o prazo final dessas compras é sempre adiado, pois ainda é preciso acumular para encarar eventuais contratempos.

Uma pessoa afetada pela *philarguria* não é apenas avara com seu dinheiro, mas também com suas emoções, seu afeto, suas energias vitais e seu tempo, que sempre lhe falta. Ela nunca tem o suficiente para poder compartilhá-lo gratuitamente com o outro.

---

22 Personagem da peça *O Tartufo*, de Molière [N.T.].

Avareza e egocentrismo estão evidentemente conectados, o outro não é considerado um objeto útil: o que ele me traz? Qual a vantagem? É inútil gastar tempo e dinheiro com pessoas que não nos trazem nada, não há interesse nisso...

A *philarguria* é, portanto, uma forma de crispação sobre um bem, qualquer que seja.

São João Cassiano conta a história de um monge que deixou grandes bens ao entrar no monastério: carros, cavalos, casas etc., mas, uma vez tendo entrado no monastério, tornou-se incapaz de separar-se de uma borracha; era mais forte do que ele, ele não conseguia emprestá-la a seus irmãos. O exemplo é sem dúvida banal, mas ilustra bem esses apegos irracionais que alguns podem ter não apenas com relação a um bem qualquer (borracha, livro, roupa), mas também a uma ideia, prática ou postura de meditação particular. Há um tipo de identificação com aquilo que possuímos; perder isso seria como perder a si mesmo.

Uma das raízes inconscientes deste comportamento se situaria no estágio anal, quando a criança, identificando-se com seu corpo, sente uma espécie de terror ao vê-lo "decompor-se" sob a forma de matérias fecais. Se a mãe não estiver lá para acalmá-la e agradecê-la por este "belo presente", ela poderá sentir uma espécie de medo que a levará a contrair os esfíncteres ou, pelo contrário, chafurdar em seus excrementos.

Educar para a higiene não é uma coisa fácil e todo homem guarda em seu inconsciente traços mais ou menos dolorosos desta época da sua vida. Eles se manifestarão sob a forma de obsessões do corpo (positivas ou negativas), tensões, constipação... e, no nível psicológico, crispações patológicas sobre posses acumuladas.

Os Antigos pareciam ter percebido a raiz inconsciente de tudo isso quando pediam a seus monges para meditar sobre a morte tomando consciência de que tudo aquilo que é composto será um dia decomposto e permitindo-lhes, assim, tornarem-se livres para com todas as posses terrestres.

Ser avaro – acumular riquezas, guardar para si – é manter a névoa sobre o vidro da nossa existência: tudo isso não demorará a desaparecer. Trata-se de meditar sobre o caráter mortal de todas as formas, mas também sobre aquilo que permanece, sobre o Incriado que nos habita, descobrir aquilo que no homem tem realmente valor. "Deixar a presa pela sua sombra", "vender tudo aquilo que possuímos para comprar a pérola preciosa"; não faltam parábolas a esse respeito no Evangelho: "Ali onde está o teu tesouro, ali também está o teu coração."

Esse tesouro é transpessoal. É a vida divina em cada um de nós. É o amor, esse tesouro paradoxal que aumenta à medida que o gastamos. Assim, a avareza é uma doença grave no sentido de que ela impede em nós a saúde do coração, ou seja, a generosidade, a comunicação e a partilha da Vida, e conserva em nós o medo de amar. A *philarguria* nos priva do prazer de participar da generosidade e da gratuidade (graça) divinas e compreender que há maior prazer em dar do que em receber.

Metanoia

Em certos meios, é habitual opor o ser ao ter, os espirituais amam o ser, os materialistas amam o ter. Eu prefiro opor o ser ao avaro, sendo a avareza a apropriação, posse, aumento, acúmulo.

O dinheiro, como todo ter, não é ruim em si, tudo depende daquilo que fazemos com ele. O ter pode até mesmo tornar-se o ser quando nós o fazemos entrar no movimento da Vida que se dá. A propriedade, então, não é roubo, é dom. Ser proprietário de uma grande riqueza deveria andar par a par com a exigência de uma grande generosidade, pois "àquele que muito recebeu, muito será pedido"[23].

---

23 Sermão da Montanha.

A avareza só é grave porque ela nos impede de viver a partir deste melhor de nós mesmos que é a generosidade. Essa generosidade é também a saúde da alma e do coração, o relaxamento do ego. O avaro é um homem doente: ele está "constipado" em seu corpo, ele vive sob tensão, no medo permanente de se perder ou de perder alguma coisa. Ele é apegado, prisioneiro de si mesmo e dos bens que possui, ele é possuído pelas suas posses.

A *metanoia*, o passo a mais que o Mestre e Senhor lhe propõe, é radical: o desapego que, em um primeiro momento, é frequentemente inaudível. No entanto, são numerosas as palavras do Evangelho que batem à porta do avaro: "De que serve ao homem ganhar o universo se ele vier a perder sua alma?"[24] "Quem se apega à vida, a perde, quem não se apega à sua vida, neste mundo, a guarda para a vida eterna."[25]

Entre essas duas palavras, há todo um caminho; primeiro, a tomada de consciência da vaidade de todas nossas posses se não possuirmos a nós mesmos. Podemos passar toda nossa vida ao largo da Vida, acumulando todos os tipos de bens (materiais, psíquicos, intelectuais), e não nos conhecermos.

O domínio de si mesmo e dos seus pensamentos é preferível ao domínio do mundo e das suas riquezas. É o que já dizia o Buda: "Quem domina seus pensamentos domina o mundo." Mas há ainda um passo a mais: deixar-se ser, dar a sua vida. Não se apegar é a única maneira de recolocar nossa vida no movimento presente, o movimento do Ser que se dá e faz existir todas as coisas.

Aqui, é preciso citar essa bela passagem do Evangelho de Mateus que descreve a passagem possível do ser humano preocupado, apreensivo com seus bens, ao humano desapegado, sem inquietação porque ele está se remetendo a algo maior do que ele. Ele passou

---

24 Ibid.

25 João 12,25.

além do seu pequeno eu, além do mental habitado por todo tipo de pensamentos que entravam sua confiança e seu abandono ao movimento da Vida que se dá, fonte de toda generosidade.

"Portanto, eis que vos digo: não vos preocupeis por vossa vida, pelo que comereis, nem por vosso corpo, pelo que vestireis. A vida não é mais do que o alimento e o corpo não é mais que as vestes? Olhai as aves do céu: não semeiam nem ceifam, nem recolhem nos celeiros e vosso Pai celeste as alimenta. Não valeis vós muito mais que elas? Qual de vós, por mais que se esforce, pode acrescentar um só côvado à duração de sua vida? E por que vos inquietais com as vestes? Considerai como crescem os lírios do campo; não trabalham nem fiam. Entretanto, eu vos digo que o próprio Salomão no auge de sua glória não se vestiu como um deles. Se Deus veste assim a erva dos campos, que hoje cresce e amanhã será lançada ao fogo, quanto mais a vós, homens de pouca fé? Não vos aflijais, nem digais: Que comeremos? Que beberemos? Com que nos vestiremos? São os pagãos que se preocupam com tudo isso. Ora, vosso Pai celeste sabe que necessitais de tudo isso. Buscai em primeiro lugar o Reino de Deus e a sua justiça e todas estas coisas vos serão dadas em acréscimo. Não vos preocupeis, pois, com o dia de amanhã: o dia de amanhã terá as suas preocupações próprias. A cada dia basta o seu cuidado."[26]

O segredo é buscar, primeiro, o Reino de Deus, "Eu sou", em nós, a presença do largo, do Espírito e, neste oceano, deixar vagar nossas pequenas galeras. Trata-se de saber qual é o nosso tesouro, o que tem realmente valor para nós, qual é nosso único necessário, nosso essencial.

Se for o amor, no próprio instante nós estaremos libertos da nossa avareza, nós reencontraremos nosso bom senso: "Não ajunteis para vós tesouros na terra, onde a ferrugem e as traças cor-

---

26 Mateus 6,25-34.

roem, onde os ladrões furtam e roubam. Ajuntai para vós tesouros no céu, onde não os consomem nem as traças nem a ferrugem e os ladrões não furtam nem roubam. Porque onde está o teu tesouro, lá também está teu coração"[27].

Onde está meu coração? Onde estou? Se estou no céu, ou seja, neste espaço infinito que está no mais profundo do coração, não entulhado, não parado, não detido, não interrompido, eu estou em paz. Uma paz que o mundo não pode nos dar. Está ali, de fato, essa segurança "a todo preço" que busca o avaro, mas em uma paz que não se apoia ou não repousa sobre nada em particular, pois todo apoio material se revela evanescente, provisório. Nesta paz que é a paz do Cristo, novamente há a *métamorphosis*.

Métamorphosis

Assim como a lagarta deixa a borboleta tomar seu voo do próprio fundo das suas entranhas, assim como a terra deixa germinar o grão que foi jogado nela, como podemos deixar ser o Cristo em nós e fazer frutificar esse tesouro nascido no desapego?

A liberdade do Cristo tem alguma coisa de apavorante e de fascinante. Nós pressentimos que esta é uma liberdade infinita. Essa independência total é também interindependência, pois o Cristo permanece incessantemente aberto a todos aqueles que Ele encontra, mas sem se apegar nem se fixar em lugar algum.

"As raposas têm suas tocas e as aves do céu, seus ninhos, mas o Filho do Homem não tem onde repousar a cabeça", tampouco há ideias ou pensamentos onde repousar sua cabeça, ele habita no Aberto, na adoração e na confiança n'Aquele que o faz existir. Ele não retém nada: "Sendo ele de condição divina, não se prevaleceu de sua igualdade com Deus, mas aniquilou-se a si mesmo, assu-

---

27 Mateus 6,19-21.

mindo a condição de escravo e assemelhando-se aos homens. E, sendo exteriormente reconhecido como homem, humilhou-se ainda mais, tornando-se obediente até a morte e morte de cruz. Por isso, Deus o exaltou soberanamente e lhe outorgou o Nome que está acima de todos os nomes."[28]

Quem melhor do que João da Cruz ou Mestre Eckhart compreenderam onde conduz o não apego? O "aniquilamento" é para eles a condição de acesso à plenitude: velar para não ser nada, para que Tudo se revele em nós.

"É preciso que ele cresça e que eu diminua", já dizia João Batista. A morte ou o fim do eu é o *Self*, da mesma maneira que o fim ou a morte da lagarta é o nascimento da borboleta.

Mestre Eckhart, em seu tratado sobre o apego, insiste sobre o que Evágrio e os Terapeutas do deserto chamavam de "purificação do coração".

"Quando eu quero escrever sobre uma tábua de cera, por mais nobre que seja o que está escrito sobre a tábua, isso não pode me incomodar, de modo que eu não consiga escrever e, no entanto, se eu quiser escrever, é preciso que eu apague e suprima o que está sobre a tábua. E a tábua nunca é tão propícia à escritura quanto quando não há nada escrito sobre ela. Da mesma maneira, se Deus quiser escrever em meu coração da maneira mais elevada, é preciso que saia do coração tudo aquilo que pode ser nomeado, isso ou aquilo – assim é o coração desapegado... O que busca Deus em todas as coisas? Eu respondo citando o Livro da Sabedoria: 'Eu busco o repouso'. Ora, não há repouso completo em lugar algum, senão no coração desapegado. Eis porque Deus ama estar aqui... Tu deves saber que quanto

---

28 Filipenses 2,6-11.

mais o homem se torna acessível, disponível, vazio e vacante[29] para Deus, mais ele é bem-aventurado..."[30]

"Bem-aventurados os corações puros, eles verão Deus."[31]

"Deus, nunca ninguém jamais o viu."[32]

Ele não é algo a ser visto e a ser possuído, Ele é *no-thing*, "uma não coisa". Nada.

No entanto, "aquele que ama habita em Deus e Deus habita nele."[33]

O objetivo não é apenas a pureza, a vacuidade, pois ainda assim poderíamos nos apegar; o objetivo é o Amor que se dá através dessa pureza, dessa vacuidade.

O Amor é o único Deus do qual não podemos fazer um ídolo. Só podemos guardá-lo ou conhecê-lo, dando-o. É o único tesouro que aumenta à medida que o gastamos.

Da *philarguria* à generosidade, há mais do que um passo, há o caminho de toda uma vida: do medo de perder e de se perder à alegria de dar e de se dar.

---

29 *Vacare ad Deo*, fazer-se vazio para Deus ("abismo que chama o abismo", é o sentido e o objetivo da vida monástica).

30 Mestre Eckhart, *Les Traités* (*Os Tratados*), Seuil, 1974, p. 168-169.

31 Mateus 5,8.

32 João 1,18.

33 João 1,7.

V
Porneia e *Ágape*: da libido muito condicionada ao Amor incondicional

Se a *porneia* é considerada uma perversão, é preciso se perguntar onde ela se enraíza... Novamente, trata-se de uma perversão do amor e mais precisamente, do amor carnal, da libido.

A libido é uma realidade boa em si, ela marca o élan vital; como no caso do apetite, sem este *élan*, nós não podemos viver. A libido é desejo de viver, de compartilhar e de dar a vida através da sexualidade. Esse desejo está pervertido, desorientado quando o homem esquece sua finalidade, que é a de amar cada vez mais, de viver e amar infinitamente, o que os Antigos e os Evangelhos chamam de *Ágape*, Amor incondicional, Amor divino.

A *porneia* é o primeiro passo rumo a este Amor infinito. É o amor do consumo, o amor da criancinha que "consome" sua mãe, que se alimenta dela para poder tornar-se ela mesma. Mas o que é encantador e normal em uma criança talvez o seja menos em um adulto que continua a consumir o outro e a reduzi-lo, assim, ao estado de objeto, para seu próprio prazer ou seu próprio desfrute. Novamente, voltamos à questão: consumir ou comungar?

A *porneia* é o esquecimento do outro, redução ao mesmo.

"Todo aquele que lançar um olhar de cobiça para uma mulher já adulterou com ela em seu coração."[34] É preciso observar que o problema não é lançar um olhar para uma mulher, mas um olhar que a reduza a um estado de objeto cobiçado, um olhar que não vê mais a pessoa, que faz dela uma matéria, uma mecânica sem alma. Com o progresso, ela poderá até mesmo ser substituída por uma boneca de plástico macio dotada de uma inteligência artificial pronta para responder a todos os desejos ou impulsos.

É isso que o Evangelho e a tradição chamam de "adultério": enganar o Real, tomar por Real o que não é, preferir a mulher-objeto à mulher viva.

A este respeito, é preciso notar que a língua grega distingue a palavra *porneia*, que designa uma forma perversa de libido, da palavra *mocheia*, "adultério". Na Bíblia, essa palavra remete ao culto dos ídolos: trata-se de tomar pelo Real/Deus aquilo que nada mais é do que o seu reflexo ou sua manifestação, a realidade evanescente e transitória. Cometer adultério, antes que isso signifique enganar seu marido ou sua mulher, quer dizer, portanto, enganar a si mesmo, mentir a si mesmo, tomar seus pensamentos ou suas representações do Real pelo próprio Real.

O Evangelho de Mateus, junto com os outros evangelhos, indica que não se pode repudiar sua mulher a não ser que ela esteja maculada pela *porneia*[35]. Isso quer dizer claramente que o divórcio é proibido, com exceção do caso da *porneia*, donde a importância de conhecer precisamente o que essa palavra quer dizer.

Como acabamos de ver, isso não significa adultério, pois para designá-lo empregamos uma outra palavra. Traduzimos *porneia* geralmente por "prostituição" (de *pornè*, "prostituta", aquela que se faz

---

34 Mateus 5,28.

35 Mateus 5,32.

de objeto, coloca seu corpo à venda por dinheiro, não se faz considerar mais como sujeito).

Segundo o contexto em que teriam sido pronunciadas essas palavras evangélicas, *porneia* faria alusão ao incesto no qual vivia o rei da época, Herodes Antipas. É nesse sentido igualmente que Paulo de Tarso emprega essa palavra, quando ele descobre em sua comunidade homens que se vangloriam por viverem com sua mãe ou sua sogra.

Mas geralmente a palavra *porneia* tem um sentido muito mais amplo e designa todos os tipos de vícios que dão testemunho de uma sexualidade desordenada ou desregrada: pedofilia, zoofilia, necrofilia etc... Essa palavra está mais próxima da patologia do que daquilo que chamaremos mais tarde de "pecado da luxúria", o tumor que devora os órgãos do amor, segundo Bernanos[36].

Anamnèsis

Pela anamnese psicológica e médica, é preciso buscar e escutar o que está na origem dos comportamentos desviantes (estupro, assédio, incesto etc.) e observar quais podem ser as consequências de tais pulsões. Não faltam pesquisas científicas sobre o assunto. Elas nos lembram que nosso principal órgão sexual situa-se no cérebro e que a causa de alguns de nossos males está nas fantasias ou nos pensamentos (*logismoi*).

Homens que passam muito tempo olhando pornografia na internet teriam "menos matéria cinzenta em certas partes do cérebro e uma atividade cerebral reduzida", segundo a conclusão de pesquisadores do Instituto Max Planck for Human Development em Berlim que acabam de publicar seus trabalhos na revista *JAMA Psychiatry*. Eles observaram a produção de imagens através da ressonância mag-

---

36 "Confundir a luxúria [...] com o desejo que aproxima os sexos é dar o mesmo nome ao tumor e ao órgão que ele devora." (Bernanos, *Diário de um Pároco de aldeia*).

nética (IRM) para observar como o cérebro reage às imagens pornográficas. Quanto mais o *striatum*, pequena estrutura nervosa situada bem acima da amídala, encontra-se estimulado por essas imagens, mais seu tamanho diminui e mais as conexões entre o striatum e o córtex pré-frontal, a camada externa do cérebro ligada ao comportamento e ao processo decisional, se deterioram.

A abordagem hormonal da *porneia* revela-se igualmente interessante a ser observada: dopamina e endorfina em demasia (hormônios do prazer em reação a estímulos e descargas genitais) prejudicariam a produção da ocitocina ou da serotonina (hormônios da felicidade). Prazer demais ou gozo imediatos prejudicariam, portanto, a produção de uma felicidade mais durável?

Esses estudos podem nos fazer sorrir como podem nos fazer sorrir os conselhos de Evágrio que, ao referir-se a Hipócrates, pede àqueles que sofrem de pulsões genitais dolorosas ou incômodas para beber menos. Em resumo, a *porneia* seria um equilíbrio ruim psicofísico que polarizaria toda nossa energia no nível genital. Isso poderia levar a um certo número de pulsões que submergem a personalidade e as tensões que só podem encontrar saída através da masturbação.

A *porneia*, em um nível mais profundo, volta a tratar seu próprio corpo ou o corpo do outro como uma coisa, como uma matéria sem alma, como um objeto de prazer, e não como um sujeito de amor.

Para os Antigos, a castidade é muito mais do que a continência. Trata-se de uma atitude de respeito para consigo mesmo e os outros: não colocar sobre eles o olhar que colocamos sobre as coisas, pois apalpá-las com as mãos ou dissecá-las com o espírito acaba sendo o mesmo que manipulá-las, instrumentalizá-las. A castidade restitui ao ser o seu mistério, sua alteridade não consumável, a pessoa é um ser de comunhão, de relação, não um ser de consumo.

Evágrio, ao referir-se a Hipócrates, propõe, portanto, um conselho prático àqueles que sofrem dessas pulsões genitais dolorosas e obsedantes: beber menos, pois, segundo a medicina antiga, a excitação viria de uma umidade exagerada do corpo[37]. Ele ressalta igualmente o trabalho manual que procura um cansaço sadio e lembra a importância da meditação das Escrituras. Sendo o cérebro o nosso principal órgão sexual, trata-se de substituir um pensamento obsessivo por um pensamento de louvor. Não se trata de deixar o espírito vazio, mas de ocupá-lo pela invocação do Nome, de um canto ou de qualquer outra oração.

Aliás, a verdadeira castidade não é obtida tendo medo de amar, mas, pelo contrário, amando cada vez mais. Ou seja, respeitando o outro, em seu aspecto transpessoal, "à imagem e semelhança de Deus", em sua alteridade não redutível às nossas carências e aos nossos desejos.

"O amor é o sol depois da chuva; a luxúria é a tempestade depois do sol", disse Shakespeare em *Vênus e Adônis*.

Qual passo a mais podemos dar para irmos em direção ao Sol do *Ágape* e sairmos das tempestades da *porneia*? Qual *metanoia*?

Metanoia

Métanoiete, "vá além (*méta*) do mental". Novamente, o que isto quer dizer?

O que é o mental? Quanto mais procuramos, menos o encontramos. Ele não existe por si mesmo, ele é feito apenas de pensamentos. Se buscarmos o que é uma multidão, não encontraremos a multidão, mas um ajuntamento de indivíduos: não há multidão sem indivíduos para constituí-la. Da mesma maneira, não há mental sem as ideias e as memórias, ou seja, os pensamentos que o constituem.

O Evangelho nos fala de Zaqueu, que, ao tentar ver Yeshua, é impedido pela multidão e, portanto, sobe em um sicômoro para

---

37 Cf. Hipócrates, *De la génération*, éd. Littré, t. VII, Paris, 1851, p. 140.

vê-lo. Como ele, se quisermos ver "Eu sou", o Ser que é, o Ser que passa, é preciso dar um passo a mais em direção ao alto, subir em uma árvore, encontrar nosso sicômoro; ou seja, segundo a tradição, o método que nos eleva além (*méta*) da multidão, além do mental (*noia*), além dos pensamentos (*logismoi*); então nós veremos Aquele que nos vê, Aquele que nos faz ser e nos convida a descermos até nossa própria casa e a abrirmos suas portas para nos tornarmos nós mesmos justiça, acolhimento e generosidade[38].

O que existe além do nosso mental, além da multidão dos nossos pensamentos? O Silêncio, a pura Consciência, o Santo Espírito.

O que há além das imagens que vão, que vêm? O céu, o espaço, o Infinito...

Por vezes, as nuvens ocupam todo lugar, como os pensamentos; isso não impede o céu de estar sempre aqui, quaisquer que sejam os pensamentos que nos obsidiam, nos invadem e nos assediam. Isso não impede a Consciência pura de estar sempre aqui.

O passo a mais que nos é pedido é o passo além dos pensamentos com os quais nos identificamos. É passar do mental, dos pensamentos que o constituem à Consciência não identificada aos pensamentos, assim como o céu não pode estar identificado com as nuvens, com o bom e o mau tempo que o atravessam.

Como experimentar isso? Observemos essa página escrita e o espaço em branco entre as palavras, entre as linhas; observemos o céu, que está sempre aqui, entre duas nuvens; observemos nosso mental, os pensamentos que vão e vêm e esse espaço entre os pensamentos, o silêncio, a calma que está sempre aqui. Que esse espaço torne-se cada vez mais vasto, cada vez mais presente, e nós compreenderemos que a graça da pura Consciência ou a graça do Santo Espírito está sempre aqui. "Eu sou", que é Luz, está sempre aqui.

---

38 Cf. Lucas 19,1-10.

Mas pura Consciência, graça, Santo Espírito, "Eu sou", Luz não devem ser palavras ou pensamentos a mais. Senão estaremos sempre no mental. O importante é a realidade e a experiência daquilo que está aqui, além do mental, que nenhuma palavra consegue expressar.

O mental é poderoso, a ponto de nós nos identificarmos com os nossos pensamentos e identificarmos os outros com os pensamentos que temos deles. É o que o Evangelho chama de "mundo", é o mundo dos nossos pensamentos, do mental e da mentira (o mentiroso, ou seja, o mental, sendo o mestre deste mundo).

Yeshua está no mundo, mas ele não é deste mundo. Da mesma maneira que a Consciência se manifesta no mental e nos pensamentos, mas não é o mental e os pensamentos.

O que podemos medir pelo IRM são os efeitos do pensamento (positivo ou negativo) sobre o cérebro, não é a Consciência, que está além do pensamento e que não produz, portanto, nenhum efeito. Ela contém os efeitos sem ser afetada, assim como o céu permanece sempre além, livre das nuvens mais ou menos espessas que o ocupam, no sentido literal e no sentido figurado.

Quaisquer que sejam os *logismoi* que nos ocupam e cujos efeitos, portanto, sejam benéficos ou nocivos, podemos medir em nosso cérebro, trata-se de irmos além e de sermos livres dos pensamentos na raiz de nossos comportamentos bulímicos, sexuais, coléricos, vaidosos, egoístas ou outros... O tronco e os galhos são visíveis, mas a raiz é invisível; assim, nossos pensamentos e nossos comportamentos são visíveis, mas sua raiz, que está além dos pensamentos (do mental), é invisível.

É neste invisível, neste silêncio, neste infinito que pela *metanoia* nós somos convidados a mergulhar e a voltar à tona; um olhar sem pensamentos, sem julgamentos, sem projeções; um olhar de espaço e de luz que vê as coisas tais quais elas são, nem mais nem menos. Caso contrário, nós retornaremos novamente ao mental e aos pensamentos; depois de termos saboreado o Reino, nós retornaremos ao mundo.

É possível pousar um olhar de luz, sem pensamentos, sobre a sexualidade? Qual era o olhar do Cristo a este respeito?

Métamorphosis

Falar da sexualidade do Cristo ainda hoje em dia é tabu. No entanto, se o Cristo era "realmente homem", como afirma o dogma, Ele realmente tinha uma sexualidade, uma libido humana, senão Ele teria "fingido" (teria Ele também fingido sofrer e morrer?).

As consequências desta rejeição de toda palavra relativa à sexualidade do Cristo são numerosas e induzem a comportamentos mais próximos da *porneia* do que do *Ágape*[39].

Segundo o adágio dos Antigos: "Tudo aquilo que não é assumido, não é salvo". Se Yeshua, considerado como Messias, como o Cristo (*Christos* sendo a tradução grega do hebraico *Messiah*), não tivesse assumido a sexualidade, esta não seria salva, Ele não seria mais o Salvador no sentido pleno do termo e uma lógica mais de morte do que de vida se instalaria no cristianismo – particularmente no cristianismo romano-ocidental: a sexualidade não sendo assumida não é salva, portanto ela é ruim, então assumir sua sexualidade pode ser degradante e pode nos tornar culpados. A sexualidade assim culpabilizada pode tornar-se perigosa e pode, efetivamente, nos adoecer.

É dessa maneira que o instrumento cocriador da vida que nos fez existir em relação "à imagem e semelhança de Deus" torna-se logicamente um instrumento de morte...

Estaríamos no Ocidente, através das nossas culpas inconscientes e coletivas, suportando as consequências de uma tal lógica?

---

39 Dão testemunho a pedofilia recorrente de certos membros do clero, frequentemente denunciados pelos papas Bento XVI e Francisco.

O Evangelho de Maria, como o *de João* e o *de Felipe*, nos lembra que Yeshua era capaz de intimidade com uma mulher. Essa intimidade não era apenas carnal, ela era também afetiva, intelectual e espiritual; trata-se de salvar, ou seja, de tornar livre o ser humano em sua inteireza e, para fazer isso, deve-se introduzir Consciência e Amor em todas as dimensões do ser. *O Evangelho de Maria*, lembrando o realismo da humanidade de Yeshua em sua dimensão sexuada, não tira nada do realismo da sua dimensão espiritual, pneumática ou divina.

Os evangelistas Marcos e Mateus falarão mais das suas lágrimas diante de Jerusalém, da sua angústia ou de suas dúvidas diante da morte: "Pai, por que me abandonastes? Se for possível que esse cálice se afaste de mim..." É a mesma sugestão de humanidade fundamental de Yeshua; é através dessa humanidade que Deus se revela.

O Evangelho de Maria, como os outros evangelhos, nos convida a nos libertarmos das dualidades que nos "diabolizam" e nos despedaçam. Não se trata de negar o corpo ou a matéria, mas através da nossa não apropriação e da nossa não identificação com esses planos do Real, de santificá-los, de transfigurá-los e – como Miriam de Magdala andando sobre as pegadas do seu Bem-Amado – de aprender pela imaginação criadora a colocar o Amor ali onde ele não está, ali onde, em nossa inteligência e nosso desejo estagnados, entravados, em um tipo de estado de prisão, não há mais Amor...

Yeshua encarna o Amor infinito, seu espírito, seu coração, seu corpo são habitados, irrigados pelo *Ágape*, Ele deixa pressentir o que pode ser uma sexualidade transfigurada e não recalcada.

Da mesma maneira que Deus se fez homem para que o homem se tornasse Deus, a Consciência (*Logos*) se fez carne para que a carne se tornasse Consciência e o Amor se fez carne para que a carne se tornasse Amor.

O que acontece com a sexualidade em um tal estado de consciência e amor? O que acontece com o corpo? O corpo-objeto, matéria sólida, não se tornaria matéria fluida, energia? A própria energia revelaria em seu frêmito a informação que a habita: o *Logos*?

A água pode passar por metamorfoses sucessivas: do estado fixo e congelado do gelo, tornar-se, na presença do sol, um rio que flui e depois evapora, tornar-se nuvem e finalmente se dissipar e desaparecer no espaço. Assim, nós temos o hábito de viver nosso corpo como uma máquina/matéria mais ou menos sólida (gelo), por vezes como uma energia (rio), às vezes como um sonho (nuvem), mas raramente como puro espaço. No entanto, não é isso que somos?

Se olharmos um instante para o interior de nós mesmos, o que descobriremos? Ao primeiro olhar, não há nada para ver, apenas o invisível, um espaço infinito. Esse espaço infinito preenche-se de pensamentos, emoções, pulsões, mas permanece aqui, como o céu sem nuvens.

O corpo de Yeshua estava totalmente livre de todos os pensamentos, emoções, pulsões, em um corpo totalmente relaxado? Um amor sem desejo, sem expectativa, será possível? Podemos ainda falar de sexualidade?

O amor não estará mais, então, focalizado em um órgão particular, ele irriga e ilumina todo o ser, e a relação com o outro encontra-se totalmente modificada. O espaço que está no interior reconhece o espaço que está no exterior, a luz é infinita, fora como dentro, a luz encontra a luz, não há mais apego a uma forma particular, toda idolatria, toda *porneia* torna-se impossível.

Da mesma maneira que não há mais palavras nem pensamentos quando estamos na contemplação e na Consciência pura, da mesma maneira não há mais apego ou dependência no Amor puro. Essa liberdade assusta, assim como o silêncio. "Há silêncio neste enlace"[40],

---

40 *O Evangelho de Felipe*, tradução de Jean-Yves Leloup, Editora Vozes. O enlace, segundo o mundo, já é um mistério, ainda mais o enlace que encarna a aliança oculta. "Não é uma realidade apenas carnal, há silêncio nesse enlace."

e não é mais um abraço, um enlace, mas uma vibração compartilhada com todo o universo; este é um amor e uma paz que o mundo (mental) não conhece.

Da *porneia* ao *Ágape* há apenas um passo, e esse passo é um abismo entre dois abismos. Há uma abertura ínfima que começa no coração, comunica-se com o espírito, depois com o corpo. Em seguida, a abertura, o ínfimo se fez infinito, o amor humano com suas formas e seus limites sexuados abre-se ao sem limites (*Ain sof* em hebraico): *Agapè, ô Théos*, Amor/Deus.

"Deus é Amor... Nunca ninguém jamais viu o Amor e, no entanto, aquele que ama permanece e habita n'Ele", nos lembra São João[41]: imanente, transcendente, revelado, oculto, no tempo e na eternidade...

Arquétipo da síntese, Jesus Cristo, realmente Deus, realmente homem, conduz o ser humano em direção à essa última metamorfose. "A câmara nupcial é o Santo dos santos..." A confiança e a consciência no enlace são elevados acima de tudo. Aqueles que oram realmente em Jerusalém, tu os encontrarás apenas no Santo dos santos [...] na câmara nupcial."

---

41 *O Evangelho de João*, tradução de Jean-Yves Leloup, Editora Vozes.

VI
Orgè:
da cólera à serenidade

A cólera, assim como o apetite ou a libido, é uma energia por vezes útil para afrontar trabalhos difíceis ou para encarar uma injustiça. A psicologia contemporânea teria tendência a fazer dela mais uma virtude do que um vício. O vício sendo a passividade ou a indiferença, a cólera expressa a combatividade e o esforço necessários para viver e subsistir em um mundo violento. Mas seria opondo a agressividade à agressividade que sairemos da violência? A questão continua sendo: como responder à violência sem acrescentar violência? Como ser vencedor da violência sem fazer vencidos?

A questão é atual quando, em nome de Deus ou da religião, convidamos a guerras santas, ou quando, em nome do progresso, do lucro ou do poder de compra, produzimos a guerra, a revolta e as querelas econômicas. Todos os golpes são permitidos para que o mais agressivo, aquele cuja vontade de poder é mais forte, ganhe.

O problema colocado pela cólera é o mesmo que aquele colocado por toda forma de energia: rumo a que ela está orientada? Ela está a serviço do ego e de suas vontades de poder ou a serviço do *Self* e das suas vontades de paz e harmonia? É com a mesma energia que podemos esmagar a cabeça de alguém ou carregar suas malas pesadas.

Diante da violência, podemos responder por uma violência ainda maior, então será a cólera odiosa que terá a última palavra.

Podemos responder-lhe por uma violência igual (olho por olho, dente por dente), então será a Lei que terá a última palavra (Torá).

Podemos, assim, responder à violência pela consciência: "Se baterem em uma face, ofereça a outra face"[42]. Não se trata da mesma face, mas da outra, ou seja, uma maneira de responder de maneira diferente à violência, despertando a consciência daquele que nos oprime (o que fazes aqui?). Infelizmente, muito raramente, é a consciência que tem a última palavra.

Podemos, enfim, responder à violência pelo amor, mas este "amor pelos inimigos"[43] pregado pelo Evangelho é considerado como impossível por uma justa razão: como poderíamos amar aqueles que não nos amam, nos destroem ou destroem aqueles que nos são caros? Isso só se mostra possível através de um acréscimo de vontade e força, que alguns chamam de "graça".

O amor pelos inimigos não é natural, ele supõe o despertar de uma nova consciência e de uma afetividade completamente diferentes. Sem *metanoia*, sem *ultreia*, sem passagem, sem ir além dos pensamentos e dos desejos egocêntricos, esse amor é impossível. Nesta forma de amor, "não sou mais eu quem vive, é o Cristo que vive em mim"[44].

É o *Anthropos* ou arquétipo da síntese que encarna assim um Deus além de Deus, uma misericórdia além da justiça (e da cólera justa), o *Ágape*, esse amor incondicional sobre o qual nos fala São João[45].

É o amor que terá a última palavra?

---

42 Mateus 5,39; Lucas 6,29-30.

43 Mateus 5,44.

44 Gálatas 2,20.

45 João 1,3.

Se acreditarmos que o Cristo está verdadeiramente ressuscitado, Ele que suportou a injustiça e que o Inocente foi morto – e morto sobre uma cruz, símbolo da infâmia na sua época: então, sim, é o amor que terá a última palavra.

Em todo caso, por uma simples razão racionalista, a atitude do Cristo é a única que coloca fim à violência, Ele a toma para Si, Ele não acrescenta violência à violência, Ele não se compraz nela, Ele a atravessa, a imensidão que está n'Ele a contém.

"Pai, perdoai-os, eles não sabem o que fazem", eles tampouco sabem o que são. Sua magnanimidade e seu perdão nos lembram que Ele não é vítima, mas Senhor. Minha vida, ninguém a tira, "Eu sou" quem a dará.

Anamnèsis

Antes de alcançarmos essa consciência sublime, é interessante observar de onde vêm nossa cólera, suas proporções, seus efeitos, e observar as tensões, as crispações, as resistências que elas criam nos corpos, as tensões que, como na sexualidade, atraem uma descarga mais ou menos violenta.

Um corpo relaxado, à imagem de um espírito relaxado, não fixado, não estagnado, não parado sobre tal ou tal situação ou acontecimento presente, passado ou por vir, é a saída? Um relaxamento que seria o fruto de um abandono do ego a algo maior do que ele, este maior que é o único juiz e o único capaz de misericórdia?

Evágrio dá muita importância ao fenômeno da cólera. Para ele, talvez seja a cólera aquilo que desfigura a natureza humana e torna o homem parecido a um demônio. Na sua carta 56, ele é particularmente explícito: "Nenhum vício faz com que o intelecto se torne demônio tanto quanto a cólera, devido à perturbação da parte irascível. De fato, é dito no final do salmo: 'Semelhante ao das serpentes é o seu veneno, ao veneno da víbora surda que fecha os ouvidos'; não penses que o demônio é outra coisa senão o homem perturbado pela cólera"[46].

A cólera, além disso, destrói o fígado, excita a bile e torna-se particularmente perigosa se for uma cólera contida, não explícita; ela pode conduzir à úlcera, ela provocará também pesadelos à noite, ela perturbará nosso sono. Uma das causas da cólera vem da nossa dificuldade em aceitar o outro como outro; se ele não corresponder à imagem que fazemos dele, nosso espírito se irrita, o ressentimento nos corrói. É um sinal de imaturidade (assim como as cóleras da criança que quer tudo e no mesmo instante), mas pode haver cóleras justas de adultos – a indignação diante de uma injustiça, por exemplo – , o ódio está ausente, e o choque que elas provocam tem como objetivo despertar aqueles ou aquele a quem eles se dirigem para trazê-los ao "caminho justo".

Para a cólera ruim, que faz do homem um "alienado", quais são os remédios? Primeiro, o perdão, perdoar-nos uns aos outros por não sermos o que somos; e, em seguida, aprender a expirar, a prolongar seu sopro. Isso pode parecer um conselho ditado pelo bom senso, mas é também um exercício espiritual. Na linguagem bíblica, para dizer que Deus é paciente, dizemos que Ele tem "grandes narinas", que é uma imagem psicossomática para expressar sua calma e sua paciência.

"Que o sol não se ponha sobre vossa irritação[47]." Os antigos monges, antes de dormir, para perdoar a seus inimigos, entregavam-se talvez a alguns exercícios respiratórios, insistindo sobre a expiração para expulsar todos pensamentos de cólera, alargando assim suas narinas para adquirir uma paciência divina...

Ainda hoje em dia, a grande qualidade do monge, para Evágrio, continua sendo a doçura, a mansidão, ou seja, o exato oposto da

---

46 Salmos 57,5.

47 Efésios 4,26.

cólera. É o que distinguia Moisés e Jesus dos outros homens. Essa doçura não é moleza ou fraqueza, mas manifestação da perfeita mestria do Espírito Santo sobre a parte irascível do nosso ser. Há uma doçura transpessoal que é mais do que uma simples gentileza de caráter: ela é o reflexo da harmonização (pelo *pneuma*) de todas as faculdades psíquicas e físicas do homem.

Metanoia

Se a cólera é tensão corporal e psíquica, é preciso em seguida analisar as causas. Se o ego é uma crispação psíquica e corporal do *Self*, é preciso também observar sua gênese. Isso demanda tempo, atenção e vigilância.

A metanoia é uma via rápida ou uma via abrupta? Será que ela pode nos fazer passar mais rápido da cólera ou de uma violência que nos parece por vezes inata, inscrita em nossos genes, à doçura e à magnanimidade? Qual passo a mais, um passo além do adiante, poderia nos ser proposto? Trata-se de um passo voltado para o interior (*épistrophé*, "volta a si") com a interrogação familiar à sabedoria oriental: quem, neste momento, está em cólera?

Além disso, além deste eu que reconhece sua história, suas identificações e seus limites, nos abrirmos àquilo que é maior do que nós, descobrirmos essa imensidão no interior de nós mesmos. Não se trata de nos fixarmos sobre um ponto particular, mas de contemplar a infinidade de luz e de espaço, o Ser que está aqui.

A luz está em todo lugar, o espaço está em todo lugar, ambos são invisíveis e infinitos. Se dermos ainda um passo a mais, descobriremos que essa luz e esse espaço não estão dentro de nós, somos nós que estamos neste espaço e nesta luz, seres finitos no coração do Ser infinito...

Há em nós um oceano de espaço e de luz, uma imensidão interior, nós somos Isto.

Viver nesta luz e neste espaço, fazer da sua imensidão a nossa morada, eis o que deveria nos tornar magnânimos. A magnanimidade é o meio justo entre a pretensão do vaidoso e a falsa humildade do pusilânime. Não se trata de se acreditar grande, mas de descobrir que o imenso existe dentro de nós. Existe em nós algo que é maior do que nós, e ali onde está a luz não pode haver trevas.

Se a luz não estiver ali, haverá trevas; se o amor não estiver ali, haverá todos os tipos de medos e de carências: cólera, violência, inveja etc. ocuparão todo lugar. Saber que há em nós essa Luz infinita e esse Amor infinito deveria expulsar todas nossas trevas e todos nossos medos.

Expulsar as trevas não é lutar contra elas, é apenas deixar ser a luz. Uma centelha já é suficiente para dissipar as trevas da nossa pequena câmara escura. A luz imensa, incriada, invisível do Espírito, nenhuma treva poderá alcançá-la[48].

Ali onde está a luz, as trevas não podem subsistir. Ali onde está o Amor (*Ágape*), o ódio, o desprezo, a violência não podem subsistir. Ali onde a magnanimidade e a humildade estão presentes, mesquinharias, rancores, invejas não podem subsistir...

Ao invés de lutar contra nossos vícios, nós deveríamos "iluminar" e alimentar nossas virtudes, a libertação desses vícios nos será dada, então, em acréscimo. Observar a luz, o amor, a imensidão que está em nós não é olhar alguma coisa em particular, é manter os olhos no Aberto, é a *aletheia*.

A verdade não é algo que podemos possuir, é, pelo contrário, não possuir mais nada, é estar sem véus, é o desvelamento (*apocalypsis, parusia*) daquilo que é, é sair do sono e dos sonhos, sair da letargia e da preguiça (*léthé*). Despertar não é criar o dia, é simplesmente vê-lo, ele já está aqui, não é lutar ou expulsar o sonho ou

---

48 Cf. prólogo de João.

a ilusão, é apenas sair deles. Amar não é lutar contra o ódio ou o desprezo, é parar de odiar, de desprezar ou de ser indiferente. Ser magnânimo, respirar ao largo, deixar ser o espaço que contém tudo e não se identifica a nada não é lutar contra nossos limites, é colocá-los em seu lugar, ínfimos no Infinito, derrisórios no Imenso.

Métamorphosis

A consciência da nossa imensidão interior é o que nos torna humildes e é também o que pode nos libertar das nossas perversidades narcisistas. O ego não pode mais achar que é o centro do mundo, o mental e seus pensamentos deixam de se considerar como únicas referências aos nossos julgamentos. É o Infinito da luz e do amor que ilumina e esclarece todas as coisas. É a magnanimidade que julga; esta, sempre integrando a justiça, é capaz de misericórdia e perdão.

Ser magnânimo é ser à imagem e semelhança de um Deus justo e misericordioso, é ser uma encarnação em acréscimo. É experimentar em nosso próprio corpo o que foi vivido pelo Cristo: no momento em que nossa justiça transborda de misericórdia, tomamos sobre nós a violência e o mal de outra pessoa. A cruz simboliza essa total abertura em Deus e no homem que nada exclui, que o mal não assusta, que não teme nem o sofrimento, nem a injustiça, nem a morte. Como um fogo muito poderoso que acolhe o incenso e o lixo, o mogno e a madeira podre, tudo neste ardor encontra-se transformado em Luz.

É esse fogo que o Cristo gostaria de ver inflamar-se sobre toda a terra, o fogo do Espírito e do Amor, que queima sem consumir[49], que ilumina sem cegar, que transforma nossas energias de violência e de cólera em energias de serviço e harmonia. Isso poderia ser simbolizado por estas duas fórmulas: $E = mc^P$ ou $E = mc^A$. Dito de outra

---

49 Cf. Êxodo 3,2.

maneira: Energia (E) = matéria/consciência (mc) orientada, decuplicada pela vontade de poder (P); Energia (E) = matéria/consciência (mc) orientada e dinamizada pela vontade e o desejo do *Ágape* (A).

Temos a escolha entre $E = mc^P$ e $E = mc^A$. Também temos que encarar as consequências de nossas escolhas: a destruição, a atomização de todas as coisas ou a realização, a divinização de todas as coisas.

VII
Lupé:
da tristeza à alegria magnânima

O termo *lupé* é traduzido por "tristeza". É preciso, portanto, observar os momentos em que estamos tristes e o que parece estar na origem da nossa tristeza.

Anamnèsis

Trata-se geralmente de uma falta, uma carência, provocada por um luto, uma ruptura, uma situação que não responde às nossas expectativas, aos nossos desejos; uma situação que nos resiste ou à qual nós resistimos. Uma tensão que não se descarrega nem na bulimia, na sexualidade ou na cólera, mas nas lágrimas e por vezes no vômito, no desgosto de viver, um peso que toma conta de todo ser. Vem, então, um sentimento de separação, de solidão, nós nos sentimos separados de tudo, do ambiente, dos nossos próximos e de nós mesmos, naquilo que temos de melhor, separados até mesmo de Deus que não passa de uma palavra sem significado. Nós estamos separados do Real, fechados em nossos pensamentos (*Logismoi*), fechados em nosso mental, e esse fechamento é um triste corredor que pode conduzir às portas do inferno.

"Olhai os lírios do campo", nos diz Yeshua[50]. Observe uma flor, ela nunca está triste. Não lhe falta nada, ela não espera nem pede nada, ela "não semeia nem colhe"[51]; ela não trabalha, ela não está ocupada fazendo alguma coisa; ela não se preocupa com o futuro nem com a eternidade, ela está simplesmente presente, ela cresce e decresce, é todo seu futuro e toda sua eternidade, ela está totalmente aqui, aberta a tudo que está aqui; ela não pode viver separada do Todo, assim como a onda não pode estar separada do oceano.

Quando estamos separados do Todo, algo nos falta, estamos tristes ou em sofrimento e nos colocamos em busca, querendo, desejando alguma coisa; e se encontramos, ficamos tranquilos um momento. Através dessa coisa, cremos encontrar um salvador do Todo, um eco do Infinito. Mas isso não dura: tudo que aparece desaparece, e estamos novamente tristes, novamente na carência, mesmo que o Todo esteja sempre aqui. Nós buscamos o Real, apesar de sermos o Real.

Buscamos o Real no nosso exterior e pensamos que podemos preencher nosso vazio com alimentos, riquezas, prazeres (*gastrimargia, philarguria, porneia*). Mas isso nunca é o suficiente, nunca é o Todo; simplesmente algo pequeno, grande, sublime, maravilhoso, pouco importa, não é o Todo. E nós ficamos tristes, não é um ser que nos falta, é o próprio Ser.

O lírio dos campos nunca está triste, ele está profundamente enraizado no Todo, na realidade do céu e da terra, das águas, do ar e da luz. O jardineiro não lhe faz falta, mas, se ele vier, a flor oferecerá seu perfume. Observe a flor em seu jardim, ela não se esquece de florir ou de murchar, de viver e de morrer. Como ela, nunca fiquem tristes, nada lhes faltará, o Real sempre esteve aqui, Ele estará sempre aqui. O Real, o Ser que é o que Ele é e que faz ser tudo aquilo que

---

50 Mateus 6,25-34.

51 Ibid.

é está conosco até o fim do mundo. Assim, toda forma de frustração conduz, mais ou menos, a um estado de tristeza (*lupé*), enquanto a vida cristã deveria ser alegria e paz no Espírito Santo.

Se quisermos chegar a esse estado de paz, de alegria ontológica, e não apenas psicológica, será preciso lutar contra a tristeza e, consequentemente, trabalhar a frustração e a carência.

Ser adulto, para os Antigos, é assumir a carência. A ascese do desejo está mais na orientação do que na não satisfação deste. Viver voluntariamente um certo número de frustrações de ordem material, mas sobretudo de ordem afetiva, vai aprofundar nosso desejo até chegarmos a este infinito que apenas o Infinito pode preencher. "Tu nos fizeste para ti, Senhor, e nosso coração estará sem repouso antes de repousar em Ti", disse Santo Agostinho.

A tristeza visita o monge quando sua memória lhe apresenta os bens ou as felicidades que ele deixou voluntariamente como sendo desejáveis. Ele sonha com uma casa, uma família e, sobretudo, ele sonha em ser reconhecido e amado. O espaço da falta, da carência, é o próprio espaço do deserto para onde ele se retirou, mas por vezes a carência é grande demais, o deserto, árido demais. Ele não estaria arriscando ali perder sua humanidade? Ele buscava a alegria e eis a cruz. Qual remédio é proposto para a tristeza?

Primeiro, encontrar o espírito da pobreza. Um rico é alguém a quem tudo é devido; um pobre é alguém para quem tudo é dom. Nada nos é devido! Nós poderíamos não existir. "Que tens que não tenhas recebido?"[52]

A amizade, a felicidade, a alegria não nos são devidas. O espírito de pobreza não apenas deveria tornar o monge capaz de assumir as frustrações que ele tem que suportar (e, portanto, tornar-se adulto), como também apreciar as mínimas coisas na sua gratui-

---

52 Coríntios 4,7.

dade: um raio de sol, um pouco de pão e água. Pouco a pouco, ele deve aprender o contentamento: deseje tudo aquilo que possuis e tu terás tudo aquilo que desejas! Mas esse contentamento ainda não é a alegria. A alegria é a experiência do Ser para a qual ele orientou seu desejo. O monge habita o aqui e agora. Ele é, e essa alegria, ninguém pode tirar-lhe.

Não estamos mais, então, no sensível, no afetivo ou no sensato, mas no ontológico. Para os Antigos, é apenas quando pudermos fixar, pelo desejo, nossa alegria neste fundo ontológico que esta poderá brilhar de maneira duradoura nos elementos espaço-temporais do indivíduo. Essa alegria não dependerá, então, das coisas externas, daquilo que nos acontece, da presença tranquilizadora de um objeto, de uma pessoa ou das circunstâncias favoráveis; não é mais uma questão de saúde ou de humor, mas de fidelidade à Presença incriada que habita todos os homens. É a alegria que permanece.

Metanoia

Passar da alegria efêmera à alegria que permanece supõe novamente uma *metanoia*, um passo a mais.

A felicidade do lírio do campo não está no tempo, tempo do seu crescimento e do seu apodrecimento; ela está no não tempo que contém o tempo, no Espaço onde a Luz incriada está sempre presente e estará sempre ali quando ele terá desaparecido. Da mesma maneira, nossa beatitude não depende dos momentos de alegria, da felicidade ou do prazer que podemos provar em nossa consciência, ela não depende dos pensamentos que vão e que vêm ou de todos os sentimentos e emoções que nos atravessam. Deixar passar o que passa (os pensamentos, as emoções), permanecer com aquilo que permanece (o Real, a Consciência), é o início da *metanoia*. Estar livre para com a felicidade é estar livre também para com o infortúnio e a tristeza. Se não buscássemos a felicidade, também colocaríamos um fim à tristeza!

A Beatitude está além da felicidade, ela não possui contrários, ou seja, ela está além do mental e dos pensamentos de alegria e tristeza.

Dar esse passo além da alegria e da tristeza, esse passo rumo à saída da felicidade e do infortúnio, do prazer e do sofrimento, pode nos dar medo: será que isso não vai desembocar na indiferença, no nada, na vacuidade? Compreendemos, então, nossas resistências, nosso medo do vazio, melhor sofrer em vez de não sentir nada.

Na realidade, este passo além abre para o Infinito e esse Infinito é o Espaço no qual nós podemos acolher tanto a alegria quanto a tristeza, a felicidade quanto o infortúnio, sem buscá-los, tampouco fugir deles ou retê-los. O Infinito é a nossa imensidão íntima, capaz de conter tudo aquilo que é, agradável ou desagradável, e aceitar tudo aquilo que é, sem jamais nos identificar a este ou àquele humor ou a este ou àquele clima interior ou exterior.

Métamorphosis

Essa *metanoia* nos conduz a uma profunda *métamorphosis* que nos torna capazes de viver à imagem e semelhança do arquétipo da síntese, que não se envergonha de alegrar-se[53] e chorar[54].

Yeshua é capaz de dizer que Ele está triste até a morte[55] e, ao mesmo tempo, Ele atravessa essa tristeza e essa paixão, Ele entra na glória, Ele está na paz[56]. Chegou sua hora de suportar o extremo abandono e solidão: "Por que me abandonaste?", mas a certeza da Presença infinita O acompanha através e além da morte: o Pai está

---

53 Lucas 10,21-22; Mateus 2,25-27.

54 Lucas 19,41-42.

55 Marcos 15,33-35 ; Mateus 27,45-54.

56 Cf. João 17.

sempre com Ele! O Salmo 22 começa com um grito de abandono e termina com um canto de ação de graças.

Será preciso lembrar-se dessas palavras no momento de explorar a *acédia*, que é o passo a mais, para onde a tristeza corre o risco de nos conduzir se ela não se abrir ao Infinito que a contém e a ultrapassa.

VIII
Acédia:
do absurdo à graça,
da depressão ao despertar

Anamnèsis

Mais triste do que a tristeza, há aquilo que os Antigos chamavam de *acédia*, uma palavra intraduzível e que a lista dos sete pecados capitais no Ocidente colocou de lado para substituí-la pela preguiça. Se considerarmos a preguiça como um desgosto de viver, uma rejeição de tudo o que é espiritual, uma renúncia a Deus e ao Amor, ela pode se aproximar do sentido da *acédia*; mas geralmente a consideramos como um langor, uma falta de atividade e uma complacência na inércia.

Para os Antigos, a *acédia* é uma forma particular de pulsão de morte, que introduz o desgosto e a lassidão em todos nossos atos. Ela conduz ao desespero, por vezes ao suicídio. Na linguagem contemporânea, nós falaríamos de "depressão" ou de "melancolia" no sentido clínico.

Os Antigos a chamavam ainda de "demônio do meio-dia" e descreviam com precisão esse estado em que o asceta, após ter conhecido as consolações espirituais, questiona todo seu caminho. É a grande dúvida: ele não estaria abusando? De que serve todo esse tempo passado no deserto? Ele não sente mais nenhum prazer na liturgia e nos exercícios espirituais. Deus lhe aparece como uma projeção do homem, uma fantasia ou uma ideia secretada por humores infantis. Melhor, então, deixar a solidão, ser útil no mundo, "fazer alguma coisa". Por vezes, o demônio do meio-dia incita o homem casto e sóbrio a "compensar o tempo perdido" no campo da sensualidade ou das bebidas fortes. Jung, em seu processo de individuação, descreveu igualmente esse momento de crise em que o homem, por volta dos quarenta anos, questiona sua vida. É um período em que pode se manifestar com violência a volta daquilo que foi recalcado, mas isso pode ser também o momento-chave de uma passagem para uma realização superior: os valores do ter serão substituídos pelos valores do ser, que vão orientar dali em diante a vida do homem não mais rumo à afirmação do ego, mas, pelo contrário, rumo à sua realização e sua integração ao arquétipo da totalidade que Jung chama de *Self*.

Esse período é particularmente desconfortável a ser vivido. Todos os antigos apoios ou certezas passam a faltar e nada tomou ainda o lugar do belo edifício desmoronado; se buscamos ajuda ou reconforto, isso só aumenta o desespero e o sentimento de total incompreensão ao qual parecemos estar condenados. Aconselhar o trabalho manual não será algo de enorme ajuda, contudo é preciso ocupar o espírito com tarefas simples, viver no momento presente sem nada esperar, nem do passado, nem do futuro: a cada dia basta seu penar.

No coração da angústia, trata-se de conseguir suportar sem submergir. É o momento da fidelidade. Amar Deus é não mais sentir que O amamos, mas querer amá-l'O. É também a entrada no deserto da fé. Acreditamos porque queremos acreditar. Os socorros vindos da razão são muletas já queimadas no fogo do cansaço e da dúvida. É o momento da maior liberdade, onde podemos escolher Deus ou recusá-l'O. Teria sido o demônio da *acédia* que tomou conta de Judas e de Pedro no momento da traição? Ele venceu Judas e o conduziu ao desespero e ao suicídio: Judas duvidou da misericórdia de Deus. Pedro a venceu em um ato de arrependimento: ele acreditou que, se seu coração o condenava, Deus era maior do que seu próprio coração[57].

A *acédia* pode nos conduzir ao inferno no sentido onde ela nos fecha em nós mesmos. Não há mais abertura nem nenhuma brecha para o Amor. Nenhum desejo pelo desejo do Outro...

Novamente, os Antigos nos lembram que essa tentação passará: ela dura por vezes mais tempo do que as outras, mas, como tudo que passa, ela passará; não existe dor eterna e aquele que consegue suportar deve saber que "esse demônio não é seguido imediatamente por nenhum outro; um estado pacífico e uma alegria inefável lhe sucedem na alma após a luta", afirma Evágrio na sua *Praktikè*.

No mundo contemporâneo, as análises da depressão são numerosas, numerosas também são as soluções pelas quais pensamos resolvê-la. Se buscarmos explicar a depressão através de causas corporais, carência de energia, de vitaminas, proporemos exercícios físicos – a caminhada é um grande remédio contra a depressão, assim como o esporte –, mas também uma melhor alimentação.

A partir do estudo de cérebros depressivos (através de um *scanner*, IRM etc.) conseguiram mostrar a importância da serotonina e da dopamina, hormônios responsáveis pelo humor, o bom humor. Após o diagnóstico, são prescritos antidepressivos cuja eficácia e utilidade não devem ser negadas, apesar de eles nem sempre resolverem o problema. Uma terapia ou uma psicanálise também podem ajudar; se não ajudarem a compreender, pelo menos acompanharão o mal-estar insuportável daquele que sofre desta doença.

Algumas correntes espirituais ou transpessoais considerarão essa provação como uma experiência iniciática que liberta das ilusões e do "falso eu" e obriga a pessoa a se recentrar no ser autêntico e

---

57 Cf. 1João 3,20.

essencial[58]. A depressão é descrita, então, de maneira positiva como uma ocasião através do sofrimento para conhecer-se a si mesmo.

O deprimido, assim como o melancólico, sente o que ele sabe e o que todos sabem, mas sem sentir: que nós morremos. Esse "privilégio" o isola e o torna estrangeiro àqueles que sabem sem nada sentir. Da mesma maneira, com relação a Deus, todos sabem que Ele permanece incognoscível, além de tudo que podemos falar a respeito; mas o depressivo o sente, o que pode fazê-lo duvidar daquilo que ele tem mais certeza e daquilo que ele mais ama.

Entre o saber e a experiência do seu ser mortal, e o não-saber e a não-experiência do seu ser infinito, que ele chama de "Deus", ele vive entre dois abismos, e essa vida é uma vertigem que a cada instante o ameaça. Ele poderia se jogar no vazio para não sentir mais o vazio, morrer para não mais estar na angústia da morte.

O filósofo dinamarquês Sören Kierkegaard descreve bem o desconforto e o sofrimento do estado melancólico e das suas fases maníaco-depressivas (hoje em dia diríamos "bipolares"). O melancólico está persuadido do seu valor, da sua inteligência, do seu gênio e, ao mesmo tempo, ele se considera impotente, culpado por existir, incapaz de viver. Ele conhece momentos de êxtase na natureza e todos os tipos de sucesso em sociedade e basta quase nada para que ele logo tome consciência do seu nada[59].

Como todo melancólico, ou todo ser atingido pela *acédia*, Kierkegaard sente esse paradoxo que é a vida humana, ao mesmo tempo mortal e destinada ao Infinito. Essa divina contradição entre desejo de realização e desejo de aniquilamento o despedaça, ele não sabe se, para encontrar o Absoluto que ele busca, é preciso realizar-se ou aniquilar-se.

---

58 Cf. Yves Prigent, *L'Expérience dépressive* (*A experiência depressiva*), DDB, 2005, e a logoterapia de Viktor Frankl.

59 Cf. Romano Guardini, *De la mélancolie* (*Da melancolia*), Points, 2016.

Pulsão de vida e pulsão de morte – as duas são verdadeiras e impossíveis de serem vividas ao mesmo tempo. Kierkegaard só encontrará o repouso na contemplação do Cristo e na aceitação da sua presença em si. O Cristo interior é Aquele que faz a ponte, que mantém unidos os dois abismos, Aquele que assume seu ser mortal e que permanece aberto ao Infinito. O encontro dos dois abismos n'Ele celebra as núpcias do homem tênue e do Deus transcendente.

Metanoia

O leito nupcial nada mais é do que a cruz, é ali que se opera a *metanoia*: a passagem de uma vida mortal, suportada, aceita, a uma vida infinita, também aceitada, acolhida.

Como diria Tereza de Lisieux: "Eu não morro, eu entro na Vida", ou melhor, eu morro para entrar na Vida. A cruz, o túmulo, mantém-se no limiar da ressurreição. Dar um passo além da felicidade e do infortúnio, mas também além daquilo que chamamos, colocando-os em lados opostos, de "morte" e "vida".

Nossa liberdade é a liberdade de escolher a verdadeira Vida (aquela que não morre), de escolher um amor maior que os amores transitórios; a possibilidade de dar um passo além dos nossos mais íntimos desejos, além daquilo que o pequeno eu quer e deseja.

"Que seja feita a Tua vontade", que o Amor maior se realize! Não há amores ruins, mas amores menores ou medíocres.

Os cristãos só podem ser melancólicos, foi-lhes revelado o Bem maior, o Amor mais elevado. Eles o reconhecem vivendo o incessante desejo. No entanto, eles vivem sua impotência em unir-se a ele, sua incapacidade de amar.

Saber que o Bem existe, que o Amor existe, não é isso que pode tornar o homem vivo, desejoso e feliz? Saber que esse Bem, esse Amor é sempre transcendente, inacessível, fora de alcance em sua plenitude, isso não seria o suficiente para nos manter sempre insatisfeitos e infelizes?

Esse é o paradoxo de uma vida finita destinada ao Infinito. Esse é o paradoxo do cristão: como Francisco de Assis, ele está feliz, infinitamente feliz, ele sabe que o Amor existe – nós o vimos, encarnado em Jesus Cristo –, mas ao mesmo tempo ele está infeliz – o Amor não é amado, nós o vimos ser crucificado.

O Amor se encarna incessantemente, ele é sempre crucificado, enterrado e não para de ressuscitar.

A intranquilidade serena do Amor não nos permite parar em um estado ou uma estação particular da sua manifestação. Ele aparece e desaparece sem se cansar, para ser buscado e encontrado incessantemente.

Morto ou vivo, o Amor está sempre aqui, quer ele nos falte ou não, ele está e estará sempre no coração da nossa existência. Coração vazio ou coração cheio, o essencial é ter um coração, um coração capaz de suportar esse paradoxo que é viver, pensar, amar.

Métamorphosis

O que fazemos sobre a terra? Por que essa insatisfação, essa melancolia? Qual é nosso objetivo? Qual é a finalidade da vida humana? Por que nos sentimos tão longe do objetivo? Quanto mais corremos rumo ao objetivo, mais ele se afasta; quanto mais nós nos sentimos prontos a pegá-lo, mais o horizonte se afasta.

Como podemos buscar assim o Real já que nós somos o Real? O que mais poderíamos ser? Por que buscar a Eternidade?

O tempo, nosso tempo, poderia estar em outro lugar que não na Eternidade? A cada instante estamos no Eterno.

Como podemos buscar o Infinito? Estamos no Infinito; o finito poderia estar em outro lugar? Não há lado de fora no Infinito. O

Real, o Infinito, o Eterno, o Espaço não podem nos faltar, nós ali estamos! O que nos falta é celebrar, adorar , louvar aquilo que nos é dado aqui, no instante.

O que nos é dado é o Real, o Infinito, o Eterno, é isso que os homens às vezes chamam de "Deus". Se Deus existe, se Ele é a fonte da nossa existência, enquanto existirmos, Ele não poderá nos faltar. Deus nunca nos faz falta. Mas nós O buscamos sempre em outro lugar, mais tarde, após a vida... Como ele poderia estar após a vida, o Ser que é a Vida da nossa vida, a Essência da nossa existência, o Amor, coração dos nossos amores?

A partir do momento em que amamos, Ele está ali. A partir do momento em que celebramos, Ele se alegra em nós.

Há dois tipos de pessoas. Aqueles que vivem incessantemente no futuro e para quem o instante presente não é jamais um fim, mas um meio para chegar ao objetivo relegado em um futuro cada vez mais afastado. E aquelas para quem o instante presente não é um meio para chegar a um fim longínquo, mas uma ocasião para celebrar o Real, o Infinito, a Eternidade, o Espaço, o Ser que está em todo lugar e sempre aqui. As pessoas que celebram incessantemente o movimento presente chegam incessantemente ao objetivo; no ato de celebrar, de adorar, de louvar, elas realizam a finalidade da sua humanidade, é para isso que o homem é feito. Aquelas que esquecem de celebrar hoje, preocupadas com o amanhã, não chegam...

Não há nenhuma distância a percorrer para chegar ao *Self*, e, no entanto, esse é o mais longo caminho, o caminho da nossa abertura e da nossa aquiescência, o caminho da nossa adesão ou da nossa fé (*pistis* em grego, *amen* em hebraico) ao Real que está sempre presente e está em todo lugar.

O caminho mais curto é dizer sim, amém, àquilo que é. Mais rápido ainda ou mais vívido é dizer obrigado.

Aceitação e gratidão podem se reunir em uma única palavra: o reconhecimento. Celebrar é reconhecer o Real, o Infinito, o Eterno que nós buscamos, aqui, presente, o Todo Outro, precisamente aqui: o Assim.

Se a causa primeira de tudo que existe é um transbordamento de graças, um raio de luz que sai deste infinito que é a liberdade primeira, a causa final de tudo que existe só pode ser um transbordamento de gratidão, um estado de luz e de louvores que transborda o tempo. Isso só pode acontecer se formos em direção ao amor que dá sentido e sabor à nossa vida, amando intensamente o que a vida nos dá a viver, celebrando-a para o melhor e o pior. Ela nos revela, então, por que estamos aqui e quais são o sentido e a finalidade deste universo.

Estamos aqui para dizer sim e fazer apenas um com tudo que é; isso é estar desperto... Um passo a mais: estamos aqui para dizer obrigado e fazer apenas um e dois com tudo aquilo que é, e isso é estar maravilhado...

Nós buscamos por vezes a resolução de nossos males e dos nossos problemas em uma dissolução. Dissolução de nós mesmos na grande natureza, êxtase de todos nossos membros em harmonia com as lebres, os rochedos, as árvores, as nuvens... ou em uma dissolução no grande Deus, Ser, não Ser, Mais do que ser, pode ser, talvez, pouco importa... aquilo que nos absolve absolutamente... Mas o ego está sempre aqui, furúnculo que grita quando o afloramos...

Nada nos diz que a morte será perfeita, a dissolução não é tão certa, alguns chamam de "alma" aquilo que lhe resiste, então quando conheceremos a grande calma das samambaias? A dissolução não é a solução, só há resolução ao indissolúvel na sua aceitação, a aceitação resolvida do inaceitável, sem alegria e, no entanto, alegre.

IX
Kénodoxia:
da vaidade à consciência de si

Anamnèsis

A palavra grega *kénodoxia* é traduzida geralmente por "vaidade" ou "glória vã". Trata-se de uma patologia própria ao ser humano, que é querer se fazer passar por aquilo que não é, querer ser amado e reconhecido por essa imagem que ele projeta de si mesmo, para parecer (pois há também vaidades depressivas) mais ou menos do que aquilo que ele é.

A palavra "glória" (*doxa*) quer literalmente dizer "presença, peso da presença" (*kavod* em hebraico). A *kénodoxia* é uma falsa presença, ela engana sobre seu verdadeiro peso, ela acrescenta peso ao seu peso. Ela oculta suas carências essenciais, ela mente sobre sua idade, seus sentimentos, sobretudo sobre o seu ser, que ela não conhece, e sobre o amor que lhe falta. A vaidade oculta com seu ouropel extravagante um grande corpo frágil que esconde um abismo ainda maior. Um não-sei-o-quê que se disfarça como peso, uma consistência e uma matéria cinzenta que acreditam ser consciência viva.

A inflação do ego é a história da rã que quer ser tão grande quanto o boi. Nós a encontramos na origem de várias paranoias positivas ou negativas. O eu acredita ser objeto de admirações ou difamações sem vínculo com a realidade. É próprio dessa doença colocar o indivíduo no centro do mundo, como uma criança que exige a atenção de todos. Tudo que acontece é interpretado com relação a si mesmo. O eu exige um reconhecimento absoluto no qual se perfilam todas as carências e as frustrações do seu passado. Quanto maior seu sentimento de insegurança, tanto mais ele terá necessidade de se gabar de façanhas ou de relações que o confirmem em uma importância ilusória. Essa glória vã o torna particularmente irritante e suscetível, quando a bela imagem que o eu tem de si mesmo encontra-se questionada. Uma simples observação, e ele se sente realmente perseguido; um leve sorriso de aprovação, e é como se o mundo inteiro reconhecesse sua genialidade.

Essas caricaturas se fazem por vezes mais sutis, mas a raiz do mal continua a mesma: o eu se arroga prerrogativas do *Self*; o pequeno homem se toma por Deus, ele finge ser como Deus, o que o impede precisamente de ser ele mesmo.

Segundo Evágrio, o monge atormentado pela *kénodoxia* imagina que se tornou uma pessoa muito espiritualizada. Se ele acreditar na beleza das suas visões, em seus recordes de jejum, como ele poderia duvidar da sua santidade? Logo os doentes virão correndo para vê-lo, os pecadores vão bater à sua porta, e com um único olhar ele vai convertê-los. Ele acredita ser o Cristo, o que precisamente o impede de ser o Cristo, pois, para ser o Cristo, é preciso não se preocupar demais consigo mesmo, mas amar Deus e amar os homens como Ele mesmo os amou. Neste amor, disse Orígenes, é o Logos que se encarna novamente. Nós Lhe tornamos "uma humanidade em acréscimo", dirá mais Elisabeth da Trindade.

A *kénodoxia* torna o homem cada vez mais egocentrado, o que o impede de permanecer teocentrado ou cristocentrado, ou seja, o impede de manter o Vivente, o Ser que é verdadeiramente, como centro verdadeiro. "Não sou eu quem vive, é o Cristo que vive em mim"[60], disse São Paulo. Isso soa de maneira diferente do que dizer: o Cristo sou eu.

Segundo Evágrio, a *kénodoxia* faz igualmente o monge sonhar em se tornar padre; isso pode nos surpreender hoje em dia, mas, na época, o sacerdócio era revestido de uma tal dignidade que todo ser normalmente constituído deveria se julgar indigno de tal graça. Querer tornar-se padre era, então, o cúmulo da vaidade...

Metanoia

O remédio para a *kénodoxia*, segundo Evágrio, é a gnose. De fato, não há nada como o conhecimento de si mesmo para nos libertar de muitas ilusões... quem somos nós realmente? O homem é como a grama: de manhã ela floresce, à tarde ela murcha[61]. O que é o mundo? "Uma gota de orvalho sobre um balde", diz o profeta Isaías[62].

O conhecimento de si mesmo, o conhecimento daquilo que é, coloca o homem em seu lugar justo, em seu *status* ontológico de criatura: "O que tens que não tenhas recebido?" – então por que te gabar ao invés de dar graças?

A gnose é igualmente o conhecimento de Deus, o conhecimento do Ser, o que liberta, pelo discernimento, do poder daquilo que não é. "Os anjos são muito mais humildes do que os homens porque eles são muito mais inteligentes", diz a tradição hesicasta.

A glória vã é sinal de desconhecimento não apenas de si, mas da Realidade última que torna todas as outras realidades relativas. Quando, pela gnose, nós somos libertados do demônio da *kénodoxia*, nós corremos o risco de nos encontrarmos com *lupé* ou *acédia*: não somos mais o que acreditávamos ser e fazer o luto das nossas

---

60 Gálatas 2,15-20.

61 Salmos 103,15-16.

62 Isaías 40,15.

ilusões não é algo que acontece sem que haja dor; mas, ainda assim, isso é preferível a ser conduzido pouco a pouco em direção a essa demência que é a *upérèphania*. Pois, "como o lampejo do raio precede o barulho do trovão, a presença da glória vã anuncia o orgulho", observa Evágrio em sua *Praktikè*.

Poderíamos acreditar que aquele que viveu a *acédia* encontra-se para sempre livre do ego e que ele passou além do mental e dos seus pensamentos (*logismoi*). Mas o conhecimento dos abismos não é suficiente. Saber que nada somos, ter provado e experimentado essa realidade também faz parte da experiência da vaidade. Do "vapor", dizia o Qohelet (a palavra hebraica *havel*, que traduzimos geralmente por "vaidade", quer dizer literalmente "vapor"). O que é o homem? Um pouco de vapor, uma gota de orvalho que se evapora ao sol, dizem igualmente os Salmos.

Ainda é o mental quem fala sobre a consciência do seu nada, da sua vaidade e da sua dissolução, e ele pode fazer disso um romance ou uma filosofia que ele qualificaria de "existencialista". Ainda não é o silêncio. Renunciamos talvez com maior dificuldade ao trágico de uma existência e à extinção do que ao seu desabrochar. Nos gabamos mais facilmente do nosso sofrimento do que da nossa felicidade.

A vaidade nos persegue até o final, ela nos ensina que o fundo do homem não é o vazio, é o outro: e enquanto me restar um sopro de vida, eu farei tudo para seduzi-lo, para que ele me reconheça e me funde em minha existência trágica ou feliz. Se eu não esperar que o outro me fale, espero ao menos que ele me escute.

Existe algo disso no âmago de qualquer vaidade: desejo de agradar, desejo de ser amado, simplesmente para se sentir e se reconhecer existente, ou até mesmo vivente. Quem não tem mais em si esse desejo permanece além desse vapor que é a existência. Liberto da vaidade, ele não busca mais tanto a ser escutado como a escutar, a ser amado como a amar. É normalmente o passo a mais que faz a criança para se tornar adulta.

Amar é escutar, é permitir ao outro que ele exista em uma palavra em que ele afirme sua singularidade, sua diferença. Ora, nós não nos escutamos uns aos outros, nós só escutamos nossos pensamentos e nossa interpretações do que o outro diz, jamais, ou raramente, suas verdadeiras palavras. E a vaidade é isso: relações que não são, que nos fatigam e onde se afrontam e se esgotam nossos monólogos.

Para escutar verdadeiramente, amar verdadeiramente, seria preciso poder realizar esse passo a mais além do eu, descobrir que o eu é incapaz de escutar, incapaz de amar de tanto que ele está preocupado consigo mesmo e quer reconhecimento, de tanto que ele se compraz em sua queixa e impotência.

É um Outro em nós que escuta e que é capaz de acolher a alteridade, a ipseidade daquele com quem Ele compartilha o abismo, o sofrimento, mas também o Infinito, a Beatitude.

A vaidade é raramente percebida neste nível de profundidade, conhecemos apenas as variações superficiais, a espuma, e não o oceano.

Métamorphosis

A *kénodoxia* deve ser levada a sério exatamente porque não há nada de sério nela, nada de verdadeiro, nada de real, nada além das pretensões a ser e das expectativas de confirmação da realização dos seus sonhos. Poderíamos rir ou zombar dela se ela não ocultasse uma aflição tão grande. Poderíamos utilizar o humor que é esse passo ao lado, antes do passo além, para ultrapassá-la ligeiramente, como se fosse uma surpresa. Falar de humor antes de falar de humildade, pois a humildade é não se levar a sério, é colocar-se simplesmente em seu lugar justo. "Aquilo que é é; aquilo que não é não é." Tudo o que dizemos a mais vem do "mal", vem do mental, são pensamentos no limite do patológico (*logismoi*).

Novamente, é preciso fazer essa *metanoia*, essa passagem além dos pensamentos. Ali, a *ultreia*, o passo a mais, mostra-se sempre necessária para que se realize a *métamorphosis*. Não basta saber que não somos nada para estarmos livres da vaidade, é preciso realmente senti-lo.

Podemos nos vangloriar de nada? Com exceção dos filósofos do absurdo que se comprazem neste absurdo, isso não parece possível. De passagem, isso nos lembra que toda filosofia revela-se talvez vaidade no sentido onde a filosofia opera uma volta do ego sobre si mesmo (isso chama-se "reflexo"), o que torna por vezes a passagem além do ego difícil. Prefere-se a complexidade à simplicidade.

A simplicidade é de fato o fruto da *metanoia* e da *métamorphosis*. O homem simples é o homem sem dobras[63], ele não se volta para trás e não se preocupa com o amanhã. Ele age com a espontaneidade do instante, ele cresce como a planta cresce, ele faz apenas um com o movimento da Vida que se dá. Mas não podemos querer ser simples, fazer esforços para sermos humildes, isso seria como puxar a alface para que ela pudesse crescer mais rápido ou segurar as águas do riacho para que elas escoassem mais lentamente.

Evidentemente, as represas são possíveis, são as construções prestigiosas e sempre mentais que entravam o curso das coisas, o vir-a-ser simples do universo. A vida é simples, a rosa e o pássaro são simples, o homem é complicado, ele floresce para se vender, ele canta para enriquecer o mercado.

O céu em seu grande humor aceita tudo isso. Em seu grande amor, ele talvez sofra, pois o mundo se complica e se torna cada vez mais denso, ele não é mais um jogo.

---

63 No original em francês: "L'homme simple, c'est l'homme sans pli" – jogo de palavra intraduzível entre as palavras "simple" (simples) e "sans pli" (sem dobra), que têm sons parecidos [N.T.].

Quem já viu uma criança correr em total animação em direção a lugar algum sabe que a vida não tem sentido. Ir para lugar algum é ir para todo lado, chegar a todo lugar em total animação em um transbordamento de energia e alegria, com bom senso. Na simplicidade e na intensidade de viver, descobrimos o sentido da vida.

A glória do simples está no instante, e, se não for o sorriso da mãe, será o sorriso dos anjos que se alegram pelo fato de nem o sofrimento nem a vaidade serem necessários para sermos nós mesmos, para sermos simples, para sermos assim.

X
Upérèphania: do ego ao Self, do Dragão ao Cordeiro

Se a glória vã era considerada pelos Antigos como um sinal de estupidez ou de debilidade mental, a *upérèphania*, ou orgulho, manifesta uma ignorância ainda mais profunda da natureza humana. Em seus efeitos, a *upérèphania* pode conduzir a uma ruptura com o Real que é própria dos estados esquizoides. O homem fechado em sua autossatisfação subjetiva está próximo do autista fechado no mundo das suas representações mentais sem comunicação possível com o outro.

Anamnèsis

Os filósofos, assim como os monges, falam de *hybris*, a desmedida, como sendo a causa de todos os males. A *upérèphania* é uma forma de desmedida no nível espiritual. Os monges do deserto não especulam a esse respeito. Eles descrevem situações concretas: o orgulhoso se arroga o direito de julgar seu irmão como se ele fosse Deus que é o único a "sondar os corações e os rins". O orgulhoso se toma pela causa primeira de si mesmo, como se ele pudesse dar a si a sua própria vida, insuflar-se seu próprio sopro... A *upérèphania* vai conduzir o homem a um estado de afastamento para fora de si, de *ektasis*, diz Evágrio. Assim, o êxtase, na origem, podia ser tomado em um sentido negativo: a união com Deus ou a divinização (*théosis*) não tem como objetivo colocar o homem fora de si mesmo, mas, pelo contrário, recentrá-lo, integrá-lo cada vez mais em Deus, ao mesmo tempo, além e dentro, todo outro que eu mesmo e mais eu do que eu mesmo.

Aliás, os Antigos frequentemente observaram que uma pessoa orgulhosa, quando é agredida ou quando lhe é feita alguma crítica, fica rapidamente fora de si; ela pode até mesmo ficar furiosa. Um homem humilde na mesma situação reage de maneira muito diferente, como se a injúria e a calúnia não pudessem atingir o núcleo pacífico do seu ser; não tendo nenhuma pretensão, o homem humilde conhece a tranquilidade, ele não espera mais do outro sinais de admiração ou de reconhecimento por ser ele mesmo. Assim, o grande remédio à *upérèphania*, segundo os Padres, seria a humildade.

Eles são inexauríveis sobre os efeitos terapêuticos desta virtude. A humildade é a Verdade. É ser o que somos, nem mais nem menos, sem nada acrescentar, sem nada omitir, pois existe uma falsa humildade que é a do orgulho disfarçado: considerar-se como sendo o pior, o mais infame, o maior pecador ainda é dar importância demais a seu pequeno eu e não ter mais o olhar dirigido para aquele único que é o Ser. "Humildade" vem de *húmus* (a terra). Ser humilde é, assim, aceitar sua condição terrosa, terrestre e maravilhar-se que esta terra infinitamente frágil seja capaz de inteligência e amor (*capax Dei*).

Para o demônio da *upérèphania*, como para os outros, os Antigos recomendam, portanto, que voltemos o olhar para o Cristo, o homem perfeito, o arquétipo do ser que nós somos na realidade. "Sendo Ele, de condição divina, não se prevaleceu de sua igualdade com Deus, mas aniquilou-se a si mesmo (*eskenosen*), assumindo a condição de escravo e assemelhando-se aos homens [...] e, sendo exteriormente reconhecido como homem, humilhou-se ainda mais, tornando-se obediente até a morte, e morte sobre uma cruz. Por isso, Deus o exaltou soberanamente e lhe outorgou o Nome que está acima de todos os Nomes", relata São Paulo, na Epístola aos Filipenses[64].

É sempre esse mesmo processo de aniquilamento, de desapropriação que conduz à revelação do Nome, ou seja, à revelação do Ser ou do "mais do que o Ser", para usarmos a mesma expressão utilizada por Dionísio, o Teólogo. É na purificação do nosso ego ou na sua sublimação[65] que se abre em nós o Espaço que contém todas as coisas.

Muitos outros *logismoi* vêm atormentar o homem: o ciúme e a mentira, por exemplo, mas todos eles são mais ou menos derivados dos oito principais enunciados. Os Antigos não são casuístas, mas terapeutas, a análise de todos esses males remonta à raiz dos sofrimentos do homem para que ele liberte-se deles para sempre. Nós já observamos: todos esses *logismoi* são doenças do ego ou, na linguagem paulina, doenças do "velho homem". O ego que busca se tranquilizar pela alimentação (*gastrimargia*), pelo acúmulo de bens (*philarguria*) ou de prazeres (*porneia*), o ego que se entristece quando alguma coisa lhe falta e que a realidade não corresponde ao seu desejo (*lupè*), o ego que desespera (*acédia*) e delira para se tranquilizar, inventar para si uma autonomia, um poder que ele não tem já que ele não é o Ser (*kénodoxia, upérèphania*).

A *upérèphania* é a patologia mais óbvia do homem contemporâneo. Ele se toma pelo único Real, não há outro ser a não ser ele, ele toma assim o lugar de Deus. O sucesso de livros como *Homo Deus*, sobre o homem-Deus, dão testemunho desse fato[66].

---

64 Filipenses 2,6-9.

65 No sentido químico do termo: passar de um estado sólido ou grosseiro a um estado volátil ou sutil.

66 Yuval Noah Harari, *Homo Deus – uma breve história do amanhã*, ed. Companhia das Letras.

O homem não precisa mais da transcendência, ele se basta. Graças às nanotecnologias e à inteligência artificial, ele pensa poder conseguir chegar à singularidade, à vida imortal e ao domínio da natureza.

Evidentemente, basta um maremoto, uma crise política ou financeira, uma imigração forçada ou uma explosão atômica para que esse belo otimismo e esses belos pensamentos desmoronem.

A este respeito, é bom lembrarmo-nos das duas grandes imagens ou arquétipos do livro do Apocalipse: o Dragão e o Cordeiro, pois eles simbolizam bem os diferentes processos que agitam ou pacificam o coração do homem.

Será a *upérèphania*, o todo-poder do ego, ou a força invencível do humilde amor que ganhará? $E = mc^P$ ou $E = mc^A$?

Como já evocamos, $E = mc^P$ significa: Energia = matéria/consciência dinamizada, orientada pela vontade de poder; $E = mc^A$ significa: Energia = matéria/consciência dinamizada, orientada pelo Amor. Poderíamos acrescentar dinamizada, orientada ao quadrado ^{P2}; ^{A2}.

É claro, trata-se de fórmulas não científicas, mas todos podem compreender que $E = mc^{P2}$ conduz à bomba atômica e à destruição do outro e de si mesmo, já que tudo se revela interligado, interdependente. A saída está talvez em $E = mc^{A2}$, fórmula que faz com que prefiramos o Amor à vontade de poder.

O confronto entre essas duas forças ou energias é colocado em cena no Apocalipse, sendo o Dragão a figura mística de $E = mc^{P2}$ e o Cordeiro a de $E = mc^{A2}$.

Poderíamos dizer igualmente que o Dragão (literalmente aquele que devora, que consome) é uma figura do ego ou da visão egocentrada do mundo e que o Cordeiro é uma figura do *Self* ou da visão aberta do mundo.

Metanoia

A *metanoia* consistiria, então, em operar uma mudança de energia, de dinamismo e de orientação, a passar de $E = mc^{P2}$ a $E = mc^{A2}$, do Dragão ao Cordeiro, do ego ao *Self*. Essa passagem é um salto qualitativo que transforma (*métamorphosis*) o ser humano, a sociedade e o mundo que o cercam.

O Cordeiro se manifesta e se expressa através dos "quatro Viventes" que simbolizam as quatro funções da consciência humana dinamizada e orientada pelo Amor: a intuição ou inteligência profunda; o sentimento ou afetividade; a sensação ou sensibilidade; a razão ou inteligência prática.

É dito que os quatro Viventes se prosternam dia e noite diante do Cordeiro, ou seja, a intuição, o sentimento, a sensação e a razão reconhecem o Amor/*Ágape* como sua fonte e seu fim: todas as funções e faculdade humanas o celebram então e colocam-se a seu serviço.

O Dragão manifesta-se, expressa-se através dos "quatro cavaleiros" que simbolizam as quatro funções da consciência humana, pervertidas pela vontade de poder.

Em volta do Cordeiro, a águia simboliza a consciência que olha para a luz (*pros ton theon*) e a adora.

A perversão desta inteligência profunda faz nascer o "cavaleiro branco", ela é utilizada, nos diz o texto, para "dominar e vencer"; poderíamos acrescentar: para manipular, subjugar e saciar e não mais para iluminar, louvar e conduzir.

O segundo Vivente, o leão alado, simboliza o sentimento, a afeição, o Amor/Energia que se coloca a serviço daqueles que ele ama e que os torna felizes e livres.

O segundo cavaleiro, vermelho, simboliza a perversão do sentimento e do afeto, que busca possuir, apropriar-se do outro, submetê-lo e guardá-lo para si e por si, o que levará a todo tipo de conflitos e ciúme. No nível social ou político, poderíamos dizer que a paixão (*pathè*) de dominar leva à vontade de apropriação e de posse não apenas das pessoas, mas dos territórios. Não há mais terra comum, esta é dividida em territórios que se afrontam e fazem a guerra.

O terceiro Vivente, o touro alado, simboliza a sensação e todos os sentidos corporais através dos quais o Amor (o Cordeiro) pode comungar, entrar em relação com todos os outros corpos (corpos humanos e corpos cósmicos).

O terceiro cavaleiro, cavalo negro, simboliza a perversão dos sentidos, da sensibilidade e da sensação, que não são mais utilizados para comungar, mas para consumir o corpo do outro (corpos humanos e corpos cósmicos). Esse consumo pode levar à consumação, à destruição do corpo do outro e conduzir à falta e à fome sobre a qual nos fala o Livro de João.

O quarto Vivente, o homem alado, simboliza a razão que, enquanto não perder as asas do amor, buscará compreender, iluminar, esclarecer, explicar, manter unidos, sintetizar informações diversas e por vezes paradoxais.

O quarto cavaleiro, cavalo verde, simboliza a razão pervertida que não serve mais para esclarecer e compreender, mas para dissecar, opor o que poderia estar unido, duvidar do Real que se dá, a analisar no sentido de decompor e dissolver, no lugar de ligar e religar para o alto (ana-lise); *davar* (a palavra) torna-se, então, *dever* (a peste), um instrumento de destruição e de confusão ao invés de um instrumento de encontro e diálogo.

A lição do Livro do Apocalipse é magistral, de uma lógica impiedosa. A inteligência humana que não está mais aberta à transcendência para louvá-la, contemplá-la e adorá-la, a inteligência orgulhosa em pleno delírio *upérèphanico,* na sua vontade de dominar ao invés de servir, só pode conduzir à subserviência, à apropriação; o cavaleiro branco conduz ao cavaleiro vermelho, fonte de todas as guerras e de todos os conflitos. O sentimento que não está mais aberto pelo reconhecimento e o respeito ao outro buscará apropriar-se dele e consumi-lo; assim o cavaleiro vermelho conduz ao cavaleiro negro que destrói e consome o corpo do outro, humano e cósmico. A razão, a ciência e a filosofia a serviço da vontade de dominação e do poder tornam-se instrumentos perversos do egocentrismo, dragão que traz tudo para si, para devorá-lo, decompô-lo, destruí-lo, para melhor assimilá-lo.

Essa é a lógica de $E = mc^{P2}$ descrita pelo Dragão e os quatro cavaleiros do Apocalipse: dominação → posse → apropriação → consumo → consumação → decomposição. O fim é a atomização, a dissolução de todos os compostos humanos, fora da Consciência/Fonte.

Para fugir da "catástrofe", a saída é voltar à lógica de $E = mc^{A2}$ descrita pelo Cordeiro e os quatro Viventes do Apocalipse: adoração → serviço → comunhão → compreensão. O fim é a divinização, a reintegração de todos os átomos na Consciência/Fonte.

Amar ou não amar? O Dragão ou o Cordeiro? O ego ou o *Self*? Essa sempre é a questão.

Mas será realmente uma questão? Será preciso sempre escolher? No nível humano, certamente sim, e isso é dar um grande passo a mais, é passar pela *metanoia* do ego ao *Self*, do Dragão que nos assombra ao Cordeiro que nos mantém de pé, "esfolados, mas de pé", lembra o Livro. O Cordeiro do Apocalipse, o Cordeiro pascal, é o oposto de uma ovelha deitada e submissa, é o Cordeiro vencedor. O único vencedor que não faz vítimas, o Amor mais forte do que a morte.

Há ainda um passo a mais a ser dado, além da dualidade, além do dual e da oposição Dragão/Cordeiro, ego/*Self*?

Compreender que o Dragão e o Cordeiro, o ego e o *Self*, o homem orgulhoso (*upérèphania*) e o homem humilde são um? Os opostos existem em nós mesmos...

Na realidade, há apenas o Cordeiro, o *Self*, E = mc^{A2}, há apenas o Amor que existe, todo o resto é ilusão, impermanência, perversão do Amor.

A última demanda de Yeshua no Pai Nosso é: "Livrai-nos do perverso" (sentido profundo da palavra *ponerou*), que poderíamos traduzir igualmente por: livrai-nos dos pensamentos (*logismoi*), do mental, do mentiroso e das suas mentiras. É o que nós tentamos fazer quando buscamos nos transformar, viver a palavra de Yeshua – *métanoiete*: nós buscamos dar um passo a mais, além dos nossos pensamentos, rumo à Consciência pura e simples.

O Livro do Apocalipse (que é chamado de *Book of Revelation* em inglês) nos dá uma das chaves pelas quais nós poderíamos utilizar melhor nosso mental e ir além através da adoração, do louvor, da veneração, da celebração do único Deus que não seja um ídolo, do único Real que não buscamos reduzir a uma realidade particular: o Amor.

Métamorphosis

A adoração nos abre a inteligência, o coração e os sentidos a algo maior do que nós, mais vivo, mais inteligente, mais amoroso do que nós. A adoração e as formas mais elevadas de oração e de meditação abrem nossos pensamentos que passam à Consciência que permanece e nos libertam assim de toda vaidade, orgulho, *kénodoxia, upérèphania* e outros venenos.

Talvez esta ideia de libertação ainda seja um pensamento?

Mas o céu nunca foi picado pelos mosquitos.

A Consciência nunca foi perturbada pelos nossos pensamentos.

O Real jamais conheceu um homem "culpado", cada um é o que é. O Amor/Deus nunca tem inimigos, adversários, diabos, dragões, egos orgulhosos, humildes ou veneráveis "em face" d'Ele. Ele tem apenas seres para amar. E amar, para Ele, muito concretamente, é fazer com que existam exatamente como eles são (e não como eles acreditam ser ou gostariam de ser). Os homens à sua imagem não têm nada mais a fazer senão amar.

Como diz Evágrio: "Separados de tudo e unidos a tudo, impassíveis e de uma sensibilidade soberana, deificados, eles estimam ser o pó do mundo, sobretudo, eles são felizes, divinamente felizes...."

XI
Dizer sim àquilo que nos falta

Qual é o único necessário: a única coisa que nos falta? De onde vem essa falta que nós buscamos preencher através de alimentos, riquezas, prazeres, saberes, poderes, experiências sutis ou espirituais, o Ser ou o próprio Deus?

A única coisa que nos falta, o único necessário, é o Amor/*Ágape*; sem ele, nós estamos sempre tristes e deprimidos mesmo quando possuímos tudo, mesmo quando somos tudo. Não é o Ser que nos falta, é o Amor/*Ágape* que é a essência, o segredo do Ser.

O Amor nos falta, e tudo está despovoado, tudo é vão e vazio.

Compreendemos então as palavras de Yeshua: "Buscai primeiro o reino de Deus, todo o resto vos será dado em acréscimo", ou a de São Serafim de Sarov: "Buscai primeiro o Espírito Santo, o Espírito Santo é o objetivo da vida", o *alpha* e o ômega, o início e o fim.

O que é o Reino se não for o reino do Amor em nós? O que é o Espírito Santo se não for o Amor difundido em nossos corações?

Quando o Amor está em nós, nada nos falta, tudo nos é dado e nós damos tudo. O Amor é o próprio movimento da Vida, recebida e dada, é o inspirar e o expirar de tudo aquilo que existe.

O Amor nos falta e então tudo nos falta, não respiramos mais ao largo, sufocamos, fechamo-nos em nós mesmos, é o inferno.

O inferno não são os outros, como diz Sartre, "o inferno é não mais amar", afirma Bernanos, e o maior sofrimento é descobrir nossa incapacidade de amar. O Amor não é da ordem da natureza, mas da ordem da graça. É sempre uma graça amar. A graça original que é preciso incessantemente renovar através de atos, ou que se renova por si mesma, na alegria e no louvor. Quer acredite ou não, aquele que ama habita em Deus e Deus habita nele, pois Deus é Amor/*Ágape*.

O apetite, a libido, o eros já são maneiras de amar, de desejar, eles representam uma certa intensidade de ser. A amizade (*philia*) e o serviço são de mais alta intensidade, eles nos aproximam do amor gratuito, do amor puro (*charis*, *ágape*), que é a essência, o segredo de todos nossos amores.

Falta de apetite, falta de desejo, é falta de amor. Falta de alegria, de esperança, de humildade, de simplicidade também são falta de amor.

Falta de generosidade, de paciência, de paz são sempre falta de amor.

Falta de consciência, de inteligência e de atenção é falta de amor.

Se o amor nos falta, qualquer que seja o lugar em nós onde ele poderia se manifestar, o corpo, a alma ou o espírito, nós ficamos devastados. O corpo que não ama fica doente, o coração ou a psique que não ama é triste, o espírito e a consciência que não amam são confusos, "insensatos", sem finalidade, eles desesperam.

Senhor/Amor, se tu nos deixares, para quem poderíamos nos dirigir? Tu tens as palavras, os atos, as atitudes, a presença da Vida verdadeira, da Vida infinita que esclarece, ilumina, fortalece, alegra e pacifica nossas finitudes[67].

Ser todo sim e todo ouvidos, pura escuta, puro acolhimento e disponibilidade (liberdade) àquilo que nos é dado aqui: essa não resistência àquilo que é dado aqui é o início da Consciência e do

---

67 Cf. João 6,68.

Amor, é o retorno ao paraíso. Ainda não é o paraíso que é Consciência pura e Amor infinito, mas já é uma pequena saída do inferno; ainda não é o Aberto, mas o entreaberto, e isso basta para reencontrar o gosto de viver, a vivacidade, o espírito de ser.

Dizem que no Cristo há apenas sim, ele é o amém original[68]. Há apenas sim na Consciência pura (o *Self*), é o ego que diz não. Quando a consciência diz não, ela se crispa, encolhe, ela torna-se eu.

Maria, a consciência virgem e fecunda, também é definida neste sim original, seu *fiat* se revela "mais jovem do que o pecado", ou seja, ele se situa antes do primeiro não, o *non serviam* do *shatan*, ou seja, do mental que faz incessantemente obstáculo (sentido da palavra *shatan* em hebraico) àquilo que é. A consciência pura e virgem reflete esse sim incondicional a tudo aquilo que é, esse Amor incondicional.

O demônio é o ser mais infeliz que possamos imaginar, é o ser que não pode mais e não sabe mais amar, ele continua no inferno. Ele quer e ele pode possuir tudo, ele é o príncipe deste mundo, mas ele não pode dar nada. Ele permanece fechado em sua vontade de poder que destrói nele sua capacidade de dom.

O diabo vive sempre no inferno; quem o libertará?

Sem dúvida, apenas o Senhor/Amor que desce aos infernos e nos diz: *Métanoiete*, "Dê um passo a mais e saia daí!", pode nos fazer sair dos nossos pensamentos e do mental que é, como sabem bem o melancólico e o deprimido, um inferno.

Como sair do mental, ir além dos pensamentos que nos fascinam e nos modelam?

Através da atenção, pela aquiescência e a consideração por aquilo que nos é dado, no instante.

---

68 Cf. 1Coríntios 1,20.

Dizer sim àquilo que é, a tudo aquilo que é – será possível? Será desejável? Não seria preciso saber dizer não para melhor dizer sim àquilo que, para nós, tem sentido e valor? Não seria necessário dizer não aos desregramentos dos nossos apetites para melhor apreciar todos os sabores? Não seria necessário dizer não às riquezas passageiras e ilusórias que as traças e os vermes devoram, para dizer sim à verdadeira riqueza que não passa?

Não seria necessário dizer não aos impulsos desordenados da nossa libido para descobrir o caráter sagrado da sexualidade?

Não seria necessário dizer não à cólera e à violência para estar na doçura e na serenidade?

Não seria necessário dizer não à tristeza para estar na alegria?

Não seria necessário dizer não ao desespero, à depressão, ao desgosto de viver e de amar, à blasfêmia contra Deus, Fonte da vida e do amor, para permanecer vivo e feliz?

Não seria necessário dizer não à vaidade, à pretensão para enfim conhecer-se a si mesmo?

Não seria necessário dizer não ao ego, ao seu delírio, às suas inflações e à sua ilusão de existir para ser o verdadeiro *Self* que nós somos, infinito, eterno?

Não há uma volta, uma *metanoia* a ser operada, uma mudança radical de atitude, um passo a mais a ser feito na compreensão do nosso ser? Nossa verdadeira natureza não se situa no mental e nos seus pensamentos devastadores, mas na Consciência e na sua escuta, na sua adesão a tudo aquilo que é.

Então, o fato de dizer sim ao salvador, ao gosto e ao apetite de viver, dar graças por tudo que nos alimenta, pela nossa relação com o alimento, será algo justo, e não patológico. Dizer sim à comunhão (fazer eucaristia com todas as coisas) nos liberta de todo espírito de consumo.

Dizer sim àquilo que nos é dado, dar graças por tudo que tenhamos recebido, para cuidar e fazer frutificar, nos tornará livres para com as posses das quais jamais somos os proprietários[69], mas os administradores, os locatários responsáveis e generosos. Dizer sim à nossa libido, ao nosso desejo de viver e de amar, sentir sua fonte e a foz que nos transborda, dizer sim à transcendência, ou seja, à alteridade do outro e respeitá-la, e o prazer nos será dado em acréscimo. Dizer sim à doçura, à mansidão, à grande paciência que está em nós, aderir ao fundo do oceano sempre calmo durante as tempestades, estar no centro do ciclone e não nos deixarmos mais levar por nossas indignações; testemunhas da cólera das vagas, nós conseguiremos desviar nossos navios.

Dizer sim à alegria, e mais ainda à beatitude, à bem-aventurança que é a nossa verdadeira natureza, e ao Bem-Aventurado que é a nossa verdadeira identidade, nosso *Self*; se lembrarmo-nos disso incessantemente, isso afastará ou relativizará todas nossas tristezas.

Dizer sim à gratuidade do ser, à imprevisibilidade do amor, dizer sim além de toda razão ao Desconhecido, ao Incompreensível que é "Eu sou" é o que nos libertará de toda vontade de poder e de domínio, que afastará todo apego e todo desespero.

Não podemos lutar contra um abismo; é preciso se abrir, dizer sim a um abismo ainda maior. Apenas o abismo da graça pode conter o abismo do absurdo. Nosso sim ou nosso *fiat* incondicional é maior do que todos nossos grandes nãos.

Dizer sim à nossa impermanência, aos nossos limites e à nossa finitude, amar estar de passagem sobre a terra, sem negação, conhecermo-nos como seres para a morte e como seres abertos ao Infinito nos libertará de nossas pretensões e das nossas vaidades.

---

69 Cf. 1Coríntios 4,7.

Dizer sim a Deus, ao Ser infinito, ao movimento da Vida que se dá – não será isso que nos libertará do orgulho, não será isso que fará do nosso ego (indivíduo) uma "pessoa", *per-sonare*, uma forma única através da qual o som, o Dom do Ser, do Infinito sem forma, poderá se manifestar? Dizer sim ao *Self* não é negar ou lutar com o ego, é colocá-lo em seu lugar, no tempo que passa, semblante único da Fonte que nos observa e que está além de todos os semblantes.

Viver no não nos faz viver no combate, no duelo, na dualidade, é um combate estéril. Dizer não às trevas não expulsa as trevas; dizer não à injustiça não restabelece a justiça; normalmente dizer não à tristeza, combatê-la, só tem como consequência aumentá-la: acrescentamos não ao não. Em contrapartida, dizer sim à luz expulsa todas as trevas; praticar a justiça afasta a injustiça; dizer sim ao amor nos liberta de todo cansaço, tristeza, desespero, mas também de toda dominação e de toda escravidão. Viver no sim nos faz viver em um clima de enlaces e núpcias.

Se a este sim acrescentarmos obrigado, estaremos totalmente presentes àquilo que é. Nessa gratidão, a graça do Ser, a pura Presença se revela, tal qual ela é, além de todas as expectativas.

Exercício: dar um passo a mais além dos nossos pensamentos, imagens, sensações, emoções, depressões. Não mais identificar-se com elas, ser testemunha das nossas representações, interpretações, pensamentos, sensações positivas, negativas, agradáveis, desagradáveis, isso pode ser feito em um instante – um instante de atenção.

Observar nossos pensamentos, considerar que isso não é o Real, mas a sua representação, não um fato, mas uma interpretação; ficar um pouco à parte.

Dirigir nossa atenção da testa para a nuca e da nuca, descer para o coração.

Reencontrar nossa imensidão interior, nosso Espaço/Templo, além daquilo que nos acontece, um silêncio que não é nada e que contém tudo.

Contemplar então o que nos "acontece" com um novo olhar, uma distância que não é nem recusa, nem fuga, nem resistência, nem indiferença.

Agir, no lugar de reagir, ser sujeito das circunstâncias ao invés de objeto das circunstâncias.

Mestres dos nossos pensamentos e dos acontecimentos ao invés de seu escravo, passar de uma vida suportada à uma vida escolhida, de instante em instante...

"Alegrai-vos, eu vos digo, alegrai-vos!"[70]

---

70 1Filipenses 4,4

XII
Alguns passos a mais

A vida que observas com os olhos do amor é ligeiramente maior do que tudo aquilo que podes medir.

Um passo a mais não é um passo de um lado para o outro, mas um passo de uma intensidade que não pesa sobre nada e que ilumina tudo.

Não se deixar distrair da verdade nem por um sonho nem por uma explicação. Já que todos nossos livros são trançados pelos nossos sonhos ou nossas razões, como eles poderiam nos aproximar da verdade? Mais do que passos em profundidade, eles mascaram frequentemente maus recuos ou cálculos...

Todo passo a mais é uma tradução direta do silêncio, uma palavra que não busca se fazer compreender, ela abraça primeiro, ela diz sim àquilo que ainda não foi vivido. Ela adere ao caminho pelo qual ninguém jamais se aventurou. É próprio de um passo a mais ser sempre virgem, ele será fecundo por acréscimo.

Da mesma maneira como é pedido a Abraão que dê um passo a mais, além do conhecido, além da casa do seu pai, e que Fílon de Alexandria interpretará como um passo além da linguagem, é pedido aos teólogos que deem um passo a mais além de Deus, ou seja, além de todo conceito ou representação, além daquilo que chamamos de "ontoteológico".

Para um filósofo, esse passo a mais é um passo além do Ser e, além do Ser não é mais o nada ou o não ser, mas o mais do que ser, o que torna possível o ser. O *posse* precede o *esse*, doação de ser anterior ao próprio Ser, ou seja, o *Ágape*, o Amor, é o *aleph* de onde pode nascer o *beth* da manifestação, da criação.

"O primeiro passo que fizeres rumo a Deus é o primeiro passo que te afastará de Deus", dizia Rumi. Como dar um passo a mais em direção a Deus sem nos separar dele?

Não trazemos nada ao Todo e não lhe tiramos nada, Ele é sempre tudo o que Ele é. Não nos aproximamos nem nos afastamos do Infinito, um passo a mais só pode ser um passo de atenção e de consciência em direção àquilo que já está aqui, desde sempre.

A hiena não compara seus passos aos do leopardo. O bater de asas da andorinha não é o mesmo do da águia. Não compare os passos do outro aos teus próprios passos; caminhar juntos não é tão simples assim, a graça está na sintonia e no respeito aos nossos ritmos.

Um passo a mais:

Um olhar não interrompido por aquilo que vê,

Uma escuta não interrompida por aquilo que ouve,

Um contato não interrompido por aquilo que toca,

Um gosto não interrompido por um sabor particular,

Um sopro não interrompido por aquilo que ele respira,

Uma inteligência não interrompida por aquilo que ela sabe,

Um desejo não interrompido por aquilo que ele pode compreender,

Um amor não interrompido por aquilo que ele ama,

Uma fé não interrompida por aquilo em que ela crê,

Uma dúvida não interrompida por aquilo que ela duvida,

Uma alegria não interrompida por aquilo que a alegra.

Para cada sentido, assim como para cada faculdade, dar um passo a mais é permanecer no Aberto, é ir sempre mais longe, mais alto, mais profundo.

Ser interrompido, parado, detido, é permanecer no inferno (o contrário do Aberto), fechado em si mesmo, é parar de estar vivo, aberto ao outro, ao desconhecido, ao imprevisível Infinito, por todo lado e sempre presente.

Um passo a mais em direção ao outro é um passo a mais em direção a si mesmo, pois é neste "movimento em direção a" que eu me descubro como eu mesmo.

Um passo a mais em direção a si mesmo é um passo a mais em direção ao outro, pois eu descubro um pouco mais a cada dia sobre o desconhecido que eu sou, o todo outro que eu sou.

O passo a mais em direção a "Eu sou" é: "Eu serei". O Ser é chamado a tornar-se, é desta maneira que Ele realiza o seu Ser. Eu sou quem eu serei. Eu serei quem eu sou.

Dar um passo além dos pensamentos é entrar na Consciência.

Dar um passo além do mental é descobrir-se Espírito (*Pneuma*). Dar um passo além do eu, é descobrir o *Self*.

O *Self* não destrói o eu, ele o realiza através da sua abertura, ele alarga sua capacidade de outro, ele o torna *capax Dei*, capaz de Deus, ou seja, do Amor primeiro.

É o amor que a cada dia nos faz dar um passo a mais.

Jamais chegamos no amor.

Aquele que mais cresce é aquele que mais se dá.

O amor é o único tesouro que aumenta à medida que o despendemos.

Cada passo a mais nos esvazia de nós mesmos e ao mesmo tempo nos preenche e nos enriquece.

Um passo a mais sobre caminhos que nos levam a lugar algum, caminhos campestres que conduzirão talvez a uma nova clareira. Esse passo a mais é a gratuidade, além do objetivo ou do fim, o prazer de caminhar; eu caminho, portanto eu sou.

A felicidade está no caminhar, em não ter nenhum lugar para onde ir;

Ir a algum lugar, é todo lugar.

A alegria de ser, tornar-se: Eu sou/Eu serei.

O Cristianismo é uma via abrupta: ele nos pede primeiro para sermos Deus, para amarmos em primeiro lugar o Amor, *a priori*, antes de qualquer coisa. "Tenha um coração e serás salvo", me dizia o padre Serafim do monte Athos: primeiro procurar seu coração (seu centro), o lugar que ama em nós, falar, pensar, agir, como por acréscimo.

Se amares primeiro, todo o resto seguirá;

Tudo se tornará graça, gratuito,

A graça de ser,

A graça do instante,

A graça de toda relação,

A graça de nascer e de morrer,

De saber começar e terminar.

O Cristo nos pede incessantemente para darmos um passo a mais: "Se amardes o que vós amais, o que isso tem de novo?"[71]

Amar seus inimigos, eis algo novo, que denota pura criatividade e graça.

---

71 Sermão da Montanha.

Amar o que não amamos, cada dia uma pequena coisa, uma situação banal é o início da liberdade.

O amor é o vínculo que nunca nos liga nem nos aliena, mas que incessantemente nos religa e nos alia.

O amor é ser nem um nem dois com aquilo que é, um passo além da fusão, da separação, da indiferença,

O entre-um,

O entre-dois,

O entre-nós, o entre-tudo.

Permanecer em um ponto de vista do Espaço que nos une e nos diferencia. O Amor se mantém um passo além do objeto e do sujeito, do eu e do tu, ele é aquilo que une todas as coisas e o que as diferencia. Ele é o Ser que alia.

O homem ébrio das suas medidas tende a esquecer o Infinito; o homem livre, sóbrio, abandona suas referências, o espaço é a sua pátria.

A graça de ver todas as coisas como se fôssemos deixá-las. Um instante que não era e que não será nunca mais. Esse passo no instante oscila fora do tempo.

O que é dar um passo a mais senão uma assunção perpétua do nosso corpo de sofrimento que desperta a um corpo de glória (*kavod*)? A assunção, na ortodoxia, é evocada como "dormição". Isso indica o processo pelo qual a assunção pode acontecer: o entregar-se, o deixar-ser; aceitar, assumir, integrar para poder entregar.

A assunção é também um processo de iniciação (*initiare*, "começar"), pois um passo a mais é uma iniciação perpétua, um início sem fim. Passo a passo nós começamos incessantemente, nós somos incessantemente "iniciados", nós vamos "de início em início, rumo a inícios que nunca têm fim."[72]

---

72 Gregório de Nissa, *Vie de Moïse* (*Vida de Moisés*), apresentado por Jean-Yves Leloup, Albin Michel, 1993.

A cada dia, eu devo dar um passo a mais, ou seja, começar a viver, a reviver em um corpo cada vez menos sofredor e cada vez mais glorioso, começar a amar, a amar novamente e cada vez mais e até mesmo melhor. Começar a me despertar ou a acordar a uma consciência cada vez mais aberta. Começar a me libertar ou a descobrir a liberdade infinita que me fundamenta.

Assunção, iniciação, transfiguração, ressurreição, ascensão não são termos sinônimos, mas indicam um mesmo movimento para frente, para cima e de autotranscendência. Podemos falar também de iniciação no sentido de integração e suplantação do eu, passagem do indivíduo à pessoa, integração do eu ao *Self*. A cada vez, trata-se de darmos um passo a mais na altura ou na profundidade, no interior ou no exterior, mas sempre um passo a mais além dos nossos limites, para aceitar uma abertura ao Infinito, em um corpo e um espírito medidos.

Dar um passo a mais: nascer, passar da consciência matricial à consciência corporal, da consciência oral onde eu me assimilo ao corpo do outro à consciência anal onde eu descubro meu próprio corpo (aprendizado da higiene), em seguida meu próprio corpo se descobre como sexuado e afiliado (filho ou filha dos meus pais). A cada vez, um passo a mais: crescer da consciência parental (dependente da sua origem, do seu meio familiar) para passar a uma consciência social (pertencimento a um país, a uma cultura, uma religião...), em seguida, da consciência social a uma consciência autônoma, livre para com a sociedade na qual nos encontramos para sairmos da normose.

A cada passo a mais, Eros e Thanatos estão à obra: há o desejo de viver e o medo de morrer, há morte e ressurreição (*kénosis* e *anastasis*). Em seguida, vêm esses passos derradeiros, da consciência de si à consciência do *Self*, da consciência do *Self* à pura Consciência infinita.

Um passo a mais na profundidade da matéria nos faz descobrir a energia. Um passo a mais nas profundezas da energia, e nós descobriremos a informação. Na fonte da informação, a

Consciência, na fonte da consciência, o Silêncio; novamente, *Ain sof*, o Infinito.

O passo a mais é sempre um *kairos*, um instante favorável, uma abertura do tempo à eternidade, um "não tempo", sempre aqui. Essa abertura é ao mesmo tempo assunção, iniciação, transfiguração (*anastasis*).

Transformar nossos corpos de miséria em corpos de glória – o que isso quer dizer? Dar um passo a mais além do nosso corpo de sofrimento e das nossas memórias acumuladas, em direção ao corpo leve da glória?

A glória é o peso da presença, a parusia, a pura presença do Ser em um corpo que voltou a ser transparente, corpo de pérola, luz do lado de dentro e do lado de fora.

Assunção: um corpo finito, limitado, que dá um passo a mais, esse passo que o faz entrar (*initiare*) na Vida não finita, não temporal, o *Ain sof*.

A terra está como se estivesse no céu,

A matéria está voltada para a luz de onde ela vem.

Luz do Ser, do Um quaterno,

Que é Vida-Consciência-Amor-Liberdade.

Parece haver uma falha original entre "o que eu sou" e "eu sou quem Eu sou". A travessia desta falha faz de "o que eu sou" um "eu serei", o "eu sou quem Eu sou".

Essa falha original é imaginária ou real?

"O que eu sou", percebido como finito, limitado, impermanente, "o que eu sou" não pode estar realmente separado do Infinito do qual ele faz parte ou é um elemento: uma manifestação criada do incriado, uma manifestação visível do invisível, uma manifestação temporal da eternidade, uma manifestação finita do infinito.

A falha original, "o que eu sou" como estando separado do "eu sou quem Eu sou", seria portanto imaginária, uma crença à qual podemos aderir ou não.

Para Maria, essa falha não parece ter acontecido. O que ela é adere totalmente ao "Eu sou" que ela é e que se encarna nela, é seu *fiat*. E todo ser humano, neste estado de confiança, de abandono daquilo que ele é Àquele que é e que faz ser tudo o que é, preenche com ela essa falha imaginária e dolorosa.

Essa falha sentida como falha original entre "o que eu sou" e o "eu sou quem Eu sou", pode tornar-se pecado original se nos fecharmos neste imaginário ou nesta crença que me representa como separado do Ser que é o que Ele é e que me faz ser quem eu sou e o que eu sou.

Imaginar-se ou acreditar estar separado de Deus, separado da Vida, da Consciência e do Amor infinito, é talvez a origem da falha e do sofrimento originais.

Yeshua não sofre desta falha, ele não se acreditava, não se sentia, não se imaginava separado do Ser que o fazia ser e que Ele realmente era. Ele não se considerava como uma realidade relativa separada do Real absoluto, mas como uma realidade relativa que manifestava o Real absoluto. Ele não considerava seu ser finito como separado ou independente do Ser infinito, Ele não imaginava nada além da infinita possibilidade do Real. Sua adesão (*pistis*, "fé") ao Real, sua não dualidade com ele era total e soberanamente livre.

O passo a mais que devemos viver é esta passagem "do que eu sou" ao "eu sou quem Eu sou", o passo da minha adesão ao Real. A sombra da minha realidade finita ao Real infinito, o passo da fé ou da confiança e do abandono ao Ser que é o que Ele é e que me faz ser quem eu sou.

Pensar que eu sou um com, ou pensar que eu estou separado, continuam sendo dois pensamentos.

Opor um pensamento ao outro continua sendo um pensamento.

Opor um ao outro, o Deus/um ou o Deus/outro são sempre dois pensamentos que se afrontam.

O que é interessante é o passo além ou aquém do pensamento. Manter-se retirado dos diferentes pensamentos que nos agitam, metafisicamente, psiquicamente ou socialmente, esse passo para trás nos faz então entrar em contato com a testemunha dos pensamentos.

A pura Consciência observa os pensamentos, os manifesta sem que ela possa identificar-se a eles. A liberdade ou o despertar é o fruto deste passo a mais, para trás, retirado, chamado de "olho da nuca", que é também o olho do coração ou o olho de Deus, o olho interior sempre virgem, vazio e criador de todos nossos espetáculos.

Estar salvo é respirar ao largo, alargar nosso sopro, um passo a mais ao inspirar, um passo a mais ao expirar.

Ora, o inspirar vem do Infinito e o expirar une-se ao Infinito. Contemplar este instante em que o sopro entra no silêncio, ali permanecer: o passo no vazio, o Silêncio testemunha do inspirar, do expirar.

Escutar o teu sopro e ver de onde ele vem e para onde ele vai.

Maria não teve medo do desconhecido, ela conseguiu dizer: *Fiat*. "Que seja feito segundo a tua palavra", tua palavra que eu não compreendo.

Como não ter medo do desconhecido? O desconhecido é o outro, o incompreensível, o incomparável. Nós vivemos incessantemente à beira do desconhecido, à beira do abismo e do incognoscível, nós vivemos à beira do Outro.

Maria não tem medo do desconhecido porque ela não está no mental, não há nela representação, projeção do que poderia ser o desconhecido, ela está na não dualidade com aquilo que é, no instante, nem uma nem duas, ela está em estado de *metanoia*, além do mental, ela é realmente virgem, silenciosa em sua inteligência (*noùs*), em sua alma (*psyché*) e em seu corpo (*soma*).

Além do *noùs* (espírito), há o *Pneuma* (Santo Espírito), além do pensamento e dos pensamentos, há a pura Consciência.

Essa Consciência pode se encarnar.

Neste silêncio "virginal", o Verbo se fez carne...

Conecte-se conosco:

- **f** facebook.com/editoravozes
- **◉** @editoravozes
- **🐦** @editora_vozes
- **▶** youtube.com/editoravozes
- **🟢** +55 24 2233-9033

www.vozes.com.br

Conheça nossas lojas:

www.livrariavozes.com.br

Belo Horizonte – Brasília – Campinas – Cuiabá – Curitiba
Fortaleza – Juiz de Fora – Petrópolis – Recife – São Paulo

EDITORA VOZES LTDA.
Rua Frei Luís, 100 – Centro – Cep 25689-900 – Petrópolis, RJ
Tel.: (24) 2233-9000 – E-mail: vendas@vozes.com.br